【中华国学经典精粹】

说文解字

〔东汉〕许慎著　张洁校点

北京联合出版公司
Beijing United Publishing Co.,Ltd.

图书在版编目（CIP）数据

说文解字 /（东汉）许慎著；张洁校点. —北京：北京联合出版公司，2018.3（2023.5 重印）
（中华国学经典精粹）
ISBN 978-7-5596-1522-0

Ⅰ. ①说… Ⅱ. ①许… ②张… Ⅲ. ①《说文》 Ⅳ. ①H161

中国版本图书馆CIP数据核字（2018）第007856号

说文解字

作　　者：许　慎
选题策划：宿春礼
责任编辑：宋延涛
封面设计：新纪元工作室
版式设计：新纪元工作室
责任校对：吕凯丽

北京联合出版公司出版
（北京市西城区德外大街83号楼9层　100088）
三河市冀华印务有限公司　新华书店经销
字数：130千字　787毫米×1092毫米　1/32　5印张
2018年8月第1版　2023年4月第5次印刷
ISBN 978-7-5596-1522-0
定价：12.00元

前言

《说文解字》成书于汉和帝永元十二年（100）到汉安帝建光元年（121），是中国第一部系统地分析汉字字形和考究字源的字书。该书为东汉学者许慎所著。

《说文解字》创立540个部首，收字9353个，另有“重文”（即异体字）1163个，共10516字。字头以小篆为准，兼有古文、籀文等异体。全书部首按照形体相似或意义相近的原则排列。从一部开始到亥部结束，同部字的第一个字就是部首，并用“凡某之属皆从某”标明。正文部分重点在字形的分析、字义的解释，通过字形的分析，来肯定字的性质和类型，说明文字义形音三者的密切关系，说解次序就是对每个字先说解其本义，再解释字形与字义或者字音之间的关系。全书以“六书”为书例，统摄全书文字。段玉裁称誉该书“此前古未有之书，许君之所独创”。

认识任何一种事物，都要从本原上去了解。不仅要知其然，还要知其所以然。学习语言也是如此。所谓读书先识字，识字不仅要知道读音，更要知道其本义。现代汉语中的常用字，大都是引申义或假借义而不是本义，这不仅妨碍我们更好地理解前人的经典，甚至影响我们更灵活地运用现代汉语。从《说文解字》开始，我们才能真正理解汉字之美。

为了便于读者阅读，我们在不改变原书体例的情况下，在内容上加上了拼音、译文与注释。作为阅读《说文解字》的入门之书，囿于篇幅，我们仅选取了一小部分汉字，希望读者能通过本书窥其一斑，引起兴趣。如果想进一步研读，可以阅读张舜徽的《说文解字导读》、殷寄明的《〈说文解字〉精读》。如果要登堂入室，可以阅读《说文》四大家的书：段玉裁的《说文解字注》（重点阅读）、朱骏声的《说文通训定声》、桂馥的《说文解字义证》、王筠的《说文释例》《说文句读》。

因时间仓促，编者学识有限，在整理过程中难免有疏漏之处，敬请方家指正。

目 录

说文解字叙 / 001

一部 / 008
丄部 / 008
示部 / 009
三部 / 012
王部 / 012
玉部 / 013
玨部 / 016
气部 / 016
士部 / 017
丨部 / 017
屮部 / 017
艸部 / 018
茻部 / 032
小部 / 033
八部 / 033
釆部 / 035
半部 / 036
牛部 / 036
告部 / 038
口部 / 039
哭部 / 048
走部 / 049
止部 / 051
癶部 / 052
步部 / 052
此部 / 053
正部 / 053
是部 / 054
辵部 / 054
彳部 / 062

廴部 / 064
㢟部 / 065
行部 / 065
齿部 / 065
牙部 / 066
足部 / 066
疋部 / 069
品部 / 069
龠部 / 069
册部 / 070
㗊部 / 070
舌部 / 071
干部 / 071
只部 / 071
㕯部 / 071
句部 / 072
丩部 / 072
古部 / 072
十部 / 073
卅部 / 073
言部 / 074
誩部 / 082
音部 / 082
辛部 / 083
丵部 / 083
菐部 / 084
収部 / 084
𠬜部 / 085
共部 / 085
异部 / 086
舁部 / 086
爨部 / 086
革部 / 087
鬲部 / 087
爪部 / 088
斗部 / 088
又部 / 088
𠂇部 / 090
史部 / 090
支部 / 091
𦘒部 / 091
聿部 / 091
画部 / 092
隶部 / 092
臤部 / 092
臣部 / 093

殳部 / 093
杀部 / 094
寸部 / 094
皮部 / 095
攴部 / 096
教部 / 099
卜部 / 100
用部 / 100
㸚部 / 101
目部 / 101
眉部 / 103
盾部 / 104
自部 / 104
白部 / 104
鼻部 / 104
习部 / 105
羽部 / 105
隹部 / 106
奞部 / 108
萑部 / 108
羊部 / 108
雔部 / 109
雥部 / 109
鸟部 / 110
乌部 / 111
冓部 / 112
幺部 / 112
叀部 / 113
玄部 / 113
予部 / 113
放部 / 114
歺部 / 114
死部 / 115
骨部 / 115
肉部 / 115
筋部 / 120
刀部 / 120
刃部 / 123
耒部 / 124
角部 / 124
竹部 / 125
箕部 / 127
丌部 / 128
工部 / 128
巫部 / 129
甘部 / 129

曰部 / 130
丂部 / 130
可部 / 130
兮部 / 130
亏部 / 131
旨部 / 131
喜部 / 131
壴部 / 132
鼓部 / 132
岂部 / 132
豆部 / 133
丰部 / 133
虍部 / 133
虎部 / 134
皿部 / 134
去部 / 135
血部 / 135
丹部 / 136
青部 / 136
皀部 / 137
鬯部 / 137
食部 / 137
亼部 / 139
会部 / 139
仓部 / 140
入部 / 140
缶部 / 140
矢部 / 141
高部 / 141
冂部 / 142
京部 / 142
㫗部 / 142
畗部 / 143
亩部 / 143
啬部 / 143
来部 / 143
麦部 / 144
夊部 / 144
舛部 / 144
舜部 / 145
韦部 / 145
弟部 / 145
夂部 / 145

说文解字叙

【原文】

古者庖牺氏之王天下也，仰则观象于天，俯则观法于地，视鸟兽之文与地之宜，近取诸身，远取诸物，于是始作《易》八卦，以垂宪象。及神农氏结绳为治而统其事，庶业其繁，饰伪萌生。黄帝之史仓颉，见鸟兽蹏迒之迹，知分理之可相别异也，初造书契。

百工以乂，万品以察，盖取诸《夬》。夬，扬于王庭。言文者，宣教明化于王者朝廷，君子所以施禄及下，居德则忌也。

【译文】

上古之时，伏羲氏统治天下，他仰观天象，俯察地理，观察鸟兽的文理和大地的脉理，近则取法自身，远则取法他物，因此创作了《易》的八卦，来呈现天地的规律。到神农氏之时，用结绳的办法治理社会、管理事务，各种行业越来越多，弄虚作假之事开始发生。黄帝的史官仓颉，见到鸟兽的足迹，知道文理可以区别鸟兽，于是开始创造文字。

百官有序，万物分明，大概取之于《夬卦》。夬，就是经过决定的事情，宣扬于王庭。说的是文字是为了宣明教化，明确君王的政令。君王用文字施恩于臣下，律己则贵德不贵文。

【原文】

仓颉之初作书，盖依类象形，故谓之文。其后形声相益，即谓之字。字者，言孳乳而浸多也。著于竹帛谓之书。书者，如也。以迄五帝三王之世，改易殊体。封于泰山者七十有二代，靡有同焉。

【译文】

仓颉初创文字，是按照物体种类画出形体，所以叫作

"文"。然后形体和声音合成新词，这就叫作"字"。字，是由"文"所孳生逐渐增多的。把文字写在竹帛上，叫作"书"。"书"就是物体什么样，文字就写成什么样。历经五帝三王时代，文字改易笔画变动形体。在泰山封禅的七十二代君王，使用的字体竟然没有相同的。

【原文】

周礼：八岁入小学，保氏教国子，先以六书。一曰指事。指事者，视而可识，察而可见，上下是也。二曰象形。象形者，画成其物，随体诘诎，日月是也。三曰形声。形声者，以事为名，取譬相成，江河是也。四曰会意。会意者，比类合谊，以见指㧑，武信是也。五曰转注。转注者，建类一首，同意相受，考老是也。六曰假借。假借者，本无其字，依声托事，令长是也。

【译文】

根据周朝规定：贵族子弟八岁入小学，保氏先教他们六书。第一叫指事，指事是指字形、结构看起来即可识别，仔细观察便可领会字义，上下二字就属于这类。第二叫象形，象形是指画出那个物体，笔画随物体的形态而屈曲，日月二字就属于这类。第三叫形声，形声是指根据事物来造字，再取一个近似的声符配合而成，江河二字就属于这类。第四叫会意，会意是指将指称事类的象形字并列在一起，将字义融合到一起，就可以得知新字的字义，武信二字就属于这类。第五叫转注，转注是指建立一个指称事类的字为部首，同部中两个字所表示的词义相同，考老二字就属于这类。第六叫假借，假借是指本来没有这个字，根据语音来找同音字代替，令长二字就属于这类。

【原文】

及宣王太史籀箸大篆十五篇，与古文或异。至孔子书六经，左丘明述《春秋传》，皆以古文，厥意可得而说。其后诸侯力政，不统于王，恶礼乐之害己，而皆去其典籍。分为七国，田畴异亩，车涂异轨，律令异法，衣冠异制，言语异声，文字异形。

【译文】

到周宣王时，太史籀整理大篆十五篇，与古文有所不同。到孔子编写六经，左丘明写《春秋左氏传》，都是使用古文，字的意义还可以通晓。此后诸侯互相征伐，不服周天子，他们嫌恶礼乐妨害自己，都废弃旧时典籍。天下分为七国，各国田亩的丈量制度不同，车路轨道不统一，律法制度不一致，衣冠形式不同，语言不统一，文字形体也不相同。

【原文】

秦始皇帝初兼天下，丞相李斯乃奏同之，罢其不与秦文合者。斯作《仓颉篇》，中车府令赵高作《爰历篇》，太史令胡母敬作《博学篇》，皆取史籀大篆，或颇省改，所谓小篆者也。是时秦烧灭经书，涤除旧典，大发隶卒，兴役戍，官狱职务繁，初有隶书，以趣约易，而古文由此绝矣。自尔秦书有八体：一曰大篆，二曰小篆，三曰刻符，四曰虫书，五曰摹印，六曰署书，七曰殳书，八曰隶书。

【译文】

秦始皇统一天下之初，丞相李斯就奏请统一制度，废除与秦国文字不相合的文字。李斯作《仓颉篇》，中车府令赵高作《爰历篇》，太史令胡母敬作《博学篇》，都选用史籀大篆字体，有些字还做了很大的简化改动，这就是小篆。这时，秦始皇焚毁经书，废除古籍，征发吏卒，大兴兵役、徭役，官府监狱事务越来越繁杂，开始产生隶书，书写趋向简易，古文字体从此不再使用。自此秦朝的文字有八种体势，第一叫大篆，第二叫小篆，第三叫刻符，第四叫虫书，第五叫摹印，第六叫署书，第七叫殳书，第八叫隶书。

【原文】

汉兴，有草书。《尉律》：学童十七已上，始试，讽籀书九千字乃得为吏；又以八体试之。郡移太史并课，最者以为尚书史。书或不正，辄举劾之。今虽有《尉律》，不课，小学不修，莫达其说久矣。

【译文】

汉朝初年有草书。《尉律》规定，学童十七岁以上开始应考，能够背诵九千个汉字的人，才能做史官；又用书法八体考试。通过郡试之后，再移至太史令处考试，最优异者被录用为尚书史。有的文字写得不正确，尚书史就弹劾他们。如今虽然有《尉律》，却不测试，也不讲习文字，大家不通晓文字已经很久了。

【原文】

孝宣时，召通《仓颉》读者，张敞从受之。凉州刺史杜业、沛人爰礼、讲学大夫秦近亦能言之。孝平时，征礼等百余人，令说文字未央廷中，以礼为小学元士，黄门侍郎扬雄采以作《训纂篇》。凡《仓颉》已下十四篇，凡五千三百四十字，群书所载，略存之矣。

【译文】

汉宣帝时，征召能通晓《仓颉篇》的读者，张敞被派去学习。凉州刺史杜业、沛人爰礼、讲学大夫秦近，也能通晓。汉平帝时，征召爰礼等一百多人，令他们在未央宫讲授文字，拜爰礼为小学元士，黄门侍郎扬雄采集众说编著《训纂篇》。《仓颉篇》以来的十四篇，共计五千三百四十字，所有书籍所用的文字，大都收入。

【原文】

及亡新居摄，使大司空甄丰等校文书之部，自以为应制作，颇改定古文。时有六书，一曰古文，孔子壁中书也。二曰奇字，即古文而异者也。三曰篆书，即小篆，秦始皇帝使下杜人程邈所作也。四曰佐书，即秦隶书。五曰缪篆，所以摹印也。六曰鸟虫书，所以书幡信也。

【译文】

到王莽代汉自立时，派大司空甄丰等人检校书籍，自认为尽制礼作乐之事，对古文字做了不少改动。当时有六种字体，第一叫古文，出自孔子住宅墙壁中的古书。第二叫奇字，也是古文字，但字体有别于古文。第三叫篆书，也就是小篆，为秦始皇派下杜人程邈所创制。第四叫佐书，也就是秦隶。第五叫缪篆，是用在玺符印鉴上的。第六叫鸟虫书，是写在旗帜和符节上的。

【原文】

壁中书者，鲁恭王坏孔子宅，而得《礼记》《尚书》《春秋》《论语》《孝经》。又北平侯张仓献《春秋左氏传》，郡国亦往往于山川得鼎彝，其铭即前代之古文，皆自相似。虽叵复见远流，其详可得略说也。而世人大共非訾，以为好奇者也，故诡更正文，乡壁虚造不可知之书，变乱常行，以耀于世。

【译文】

壁中书，是鲁恭王拆毁孔子住宅得到的《礼记》《尚书》《春秋》《论语》《孝经》。另外北平侯张仓进献《春秋左氏传》，一些郡县、侯国也从山川中发掘出鼎彝等祭器，它们上面的铭文就是古文字，这些都有很多相似之处。虽说不能清晰地看到铭文的渊源和长期演变的情况，但已见到的铭文的形体结构的情况能够大致知晓。世人极力非议，认为古文是好事者乱改正规的字形，假托出自孔宅墙壁，伪造不认识的文字，是变更扰乱常规文字，想通过古文显耀声名。

【原文】

诸生竞说字解经谊，称秦之隶书为仓颉时书。云父子相传，何得改易。乃猥曰：马头人为长，人持十为斗，虫者屈中也。廷尉说律，至以字断法，苛人受钱，苛之字止句也。若此者甚众，皆不合孔氏古文，谬于史籀。俗儒鄙夫，玩其所习，蔽所希闻，不见通学，未尝睹字例之条。怪旧艺而善野言，以其所知为秘妙，究洞圣人之微恉。又见《仓颉篇》中“幼子承诏”，因号古帝之所作也，其辞有神仙之术焉。其迷误不谕，岂不悖哉！

【译文】

一些太学生竞相解说文字经义，把秦隶称为仓颉时的文字。说父子相传，怎么会改变。竟然胡说：马头和人字合起来就是“长”字，人拿着十就是“斗”字，中字当中弯曲就是“虫”字。廷尉解说律令，凭着拆解字义来臆断法令，苛人受钱的苛字，被依据隶书解释为止句。像这种情况很多，都和孔壁古文字不符，也不同于史籀。粗俗浅薄的人，赏玩自己所常见的，却不关注自己所少见的，没有接触过通学，不懂得文字的规律。认为古文经艺奇怪，而传言是好的，认为自己所知道的神秘奇妙，能探究到圣人深奥的意旨。他们见《仓颉篇》中有“幼子承诏”一句，便声称这是黄帝所说，其中包含着神仙之术。迷失其中而不明白，怎能不违背情理！

【原文】

《书》曰：“予欲观古人之象。”言必遵修旧文而不穿凿。孔子曰："吾犹及史之阙文，今亡也夫！"盖非其不知而不问，人用己私，是非无正，巧说邪辞，使天下学者疑。盖文字者，经艺之本，王政之始，前人所以垂后，后人所以识古。故曰：本立而道生，知天下之至啧而不可乱也。

【译文】

《尚书》中说："我想看看古人绘制的图像。"这是说制定制度一定要遵循古代典章制度，不要穿凿附会。孔子说："我还能看到史书中有疑问而空缺的文字，如今没有这种精神了！"不是不知道就不问，而是人们因为一己之私，是非没有标准，巧言诡辩而让学习的人疑惑重重。文字是经艺的根本、王道的前提，前人经验因此得以流传后世，后人因此得以认识历史。所以说，"本立而道生"，懂得了天下最深奥的道理就不会再有困扰。

【原文】

今叙篆文，合以古、籀，博采通人，至于小大，信而有证。稽课其说，将以理群类，解谬误，晓学者，达神恉。分别部居，不相杂厕。万物咸睹，靡不兼载。厥谊不昭，爰明以谕。其称《易》，孟氏；《书》，孔氏；《诗》，毛氏；《礼》《周官》《春秋左氏》《论语》《孝经》，皆古文也。其于所不知，盖阙如也。

【译文】

如今我叙列篆文，参照古文、籀文，博采众家之长，无论什么文字，都做到论证确凿可信。考稽撰写解释，通过整理文字系统，解答谬误，让学习的人通晓，明白文字的旨意。所收录的文字归属都有归属部首而不逾越、不混杂。万事万物都能从中找到，没有不涉及记载的。对于意义不明显的，就用文献举例的办法揭示。书中提到孟喜作注的《易经》，孔安国作《传》的《尚书》，毛亨作《传》的《诗经》，还有《周礼》《左传》《论语》《孝经》，都是古文经。对于我不知道的东西，就空缺而不论。

一部

一 yī

一，惟初太始，道立于一，造分天地，化成万物。凡一之属皆从一。　于悉切

【译文】一，最初，万物形成之始，道处于一（即太极）之中。后来才分解为天和地，演化为万事万物。大凡一的部属都从一。

【注释】惟：句首语气词。造：始。

 元 yuán

元，始也。从一从兀。　愚袁切

【译文】元，开始。从一从兀，会意。

【注释】元：人头是元的本义。始是引申义。

 天 tiān

天，颠也。至高无上，从一大。　他前切

【译文】天，颠顶。最高而无以上加的部分。从一、大，会意字。

【注释】从一大：于六书为会意。凡会意，合二字以成语。

 吏 lì

吏，治人者也。从一从史，史亦声。　力置切

【译文】吏，治理人的人。从一从史会意，史也表声。

丄部

 丄 shàng

丄，高也。此古文上，指事也。凡丄之属皆从丄。　时掌切

【译文】丄，高。这是古文上字，是指事字。大凡丄的部属都从丄。

【注释】《段注》：象形者，实有其物，日月是也。指事者，不泥其物而言其事，丄丅是也。天地为形，天在上，地在下；地在上，天在下，则皆为事。

 **帝** dì

帝，谛也。王天下之号也。从丄，朿声。　都计切

【译文】帝，审谛，又是统治天下的人的称号。从丄，朿声。

【注释】谛：审谛，详谨周密。

 **旁** páng

旁，溥也。从二，阙，方声。　步光切

【译文】旁，广大。从二，二的下部分不明所象，方声。

【注释】阙：不知道小篆的旁字二下部分之所象，因此让它空缺着。

 **丅** xià

丅，底也。指事。　胡雅切

【译文】丅，低下。指事。

【注释】底：许书无低字，底即低字。

示部

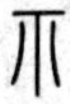 **示** shì

示，天垂象，见吉凶，所以示人也。从二。（二，古文上字。）三垂，日月星也。观乎天文，以察时变。示，神事也。凡示之属皆从示。　神至切

【译文】示，上天垂下天文图像，体现（人事）凶吉，是表示给人们看的东西。从二（代表天上）。三竖笔，分别代表日、

月、星。（人们）观看天文图像，用来考察时世的变化。示，是神祇之事。大凡示的部属都从示。

【注释】象：天象。见：现。示：显示给人看。

礼 lǐ

礼，履也，所以事神致福也。从示从豊，豊亦声。 灵启切

【译文】礼（禮），履行，是用来祭神求福的事。从示从豊会意，豊也表声。

【注释】履：履而行之，即施行。事：奉事。致：得到。

祥 xiáng

祥，福也。从示，羊声。一云善。 似羊切

【译文】祥，幸福。从示，羊声。另一种意义是善、好。

福 fú

福，佑也。从示，畐声。 方六切

【译文】福，神明降福保佑。从示，畐声。

【注释】福：本义是祭过神的肉。

斋 zhāi

斋，戒，洁也。从示，齐省声。 侧皆切

【译文】斋，警示，洁净。从示，齐省声。

祭 jì

祭，祭祀也。从示，以手持肉。 子例切

【译文】祭，祭祀鬼神。从示，用手拿着肉供奉神前。

祖 zǔ

祖，始庙也。从示，且声。 则古切

【译文】祖，初始，宗庙。从示，且声。

【注释】祖：祖先，祖父。

祠 cí

祠，春祭曰祠。品物少，多文词也。从示，司声。仲春之月，祠不用牺牲，用圭璧及皮币。 似兹切

【译文】祠，周代春天的祭祀叫祠。这是祭祀物品少，而仪式文词多的缘故。从示，司声。农历二月，祭祀不用牺牲，而用玉器、毛皮和缯帛。

【注释】多文词：这是许慎用词字申说祠字受义之原因。词、祠古音同。牺牲：供祭祀用的纯色全体牲畜。圭璧：祭祀时用作符信的玉器。

祝 zhù

祝，祭主赞词者。从示，从人口。一曰从兑省。《易》曰："兑为口为巫。" 之六切

【译文】祝，祭祀时主管向神灵祷告的人。从示从人口会意（表示用人之口与神灵交接）。另一说：从兑省去上面的八。《周易》说："兑卦可以代表口，代表巫。"

祈 qí

祈，求福也。从示，斤声。 渠稀切

【译文】祈，向神明求福。从示，斤声。

祷 dǎo

祷，告事求福也。从示，寿声。 都浩切

【译文】祷（禱），向神祷告而祈求幸福。从示，寿声。

社 shè

社，地主也。从示土。《春秋传》曰："共工之子句龙为社神。"《周礼》："二十五家为社，各树其土所宜之木。"常者切

【译文】社，土地的神主。从示土。《春秋左氏传》说：“共工的儿子句龙作土地神。”周朝的礼制规定：二十五家立社，分别种植那里的土地所适宜生长的树木。

 **禁** jìn

禁，吉凶之忌也。从示，林声。 居荫切

【译文】禁，有关吉凶之事的避忌。从示，林声。

【注释】从示：从字源上说，禁是对鬼神为祸的避忌，所以从示。后来泛指为法令习俗予以制止、避忌的事，不论吉凶。

三部

 **三** sān

三，天地人之道也。从三数。凡三之属皆从三。 稣甘切

【译文】三，天地人的道数。由三画构成。大凡三的部属都从三。

王部

 **王** wáng

王，天下所归往也。董仲舒曰：“古之造文者，三画而连其中谓之王。三者，天、地、人也，而参通之者，王也。”孔子曰：“一贯三为王。”凡王之属皆从王。 雨方切

【译文】王，天下所归趋向往的对象。董仲舒说：“古代创造文字，三画而又用竖线连接其中，叫王字。三横画，代表天道、地道、人道，而又能同时通达它的，就是王。”孔子说：“用一贯三就是王。”大凡王的部属都从王。

 **闰** rùn

闰，余分之月，五岁再闰，告朔之礼，天子居宗庙，闰月居门中。从王在门中。《周礼》曰：“闰月，王居门中，终月也。” 如顺切

【译文】闰，闰月，由剩余的未分的时日组成的月份，五年设置两次闰年。每月初一，行告祭之礼，天子居处在宗庙之中，闰月居处在正室门中。从王在门中。《周礼》中说：“闰月，周王居处在正室门中，整一个月。”

【注释】再：两次。告朔：朔，阴历每月第一天。每年冬末，天子把来年的历书颁发给诸侯，确定是否置闰，及每月初一的日子，叫“颁告朔”。诸侯接受历书，藏入祖庙。每逢初一，便杀一只活羊祭庙，叫“告朔”。宗庙：《段注》：“古路寝、明堂、大庙，异名而实一也。”明堂分东西南北四室八个（每堂的左右厢房），共十二个场所。天子每月可居一处。闰月句：《段注》引郑玄注说：天子“惟闰月无所居，居于门”。门，指路寝（天子、诸侯的正室）门。

皇 huáng

皇，大也。从自。自，始也。始皇者，三皇，大君也。自，读若鼻，今俗以始生子为鼻子。　胡光切

【译文】皇，即大。从自从王。自是初始的意思。最初统治天下的人是（燧人、伏羲、神农）三皇，是伟大的君王。“自”的音读像“鼻”字，当今俗话把最初生下的孩子说成是“鼻子”。

玉部

玉 yù

玉，石之美。有五德：润泽以温，仁之方也；䚡理自外，可以知中，义之方也；其声舒扬，尃以远闻，智之方也；不桡而折，勇之方也；锐廉而不技，絜之方也。象三玉之连。丨，其贯也。凡玉之属皆从玉。　鱼欲切

【译文】玉，美好的石头。它有五种美德：润泽而又温和，好比是仁；纹理不乱，从外可知内，好比是义；它的声音舒展飞扬，传播而远闻，好比是智；它绝不弯曲，宁肯折断，好比是勇；

它锋利而绝不伤害别人，好比是圆话，容易相处。象三块玉的连接。中间的竖，是那穿玉的绳索。大凡玉的部属都从玉。

【注释】尃：分布。这里指传布四方。 技：段桂朱王均作“忮”。忮，害。

球 qiú

球，玉声也。从玉，求声。 巨鸠切

【译文】球，玉石撞击之声。从玉，求声。

【注释】玉声：徐锴《系传》：“孔子见南子，佩玉声璆（古同球）然。”故事见《史记·孔子世家》。

琳 lín

琳，美玉也。从玉，林声。 力寻切

【译文】琳，美玉。从玉，林声。

【注释】琳：桂馥《说文解字·义证》：“琳，色青碧者也。”

璧 bì

璧，瑞玉圜也。从玉，辟声。 比激切

【译文】璧，用作印信凭证的玉，是平圆而正中有孔的玉。从玉，辟声。

瑞 ruì

瑞，以玉为信也。从玉、耑。 是伪切

【译文】瑞，用玉制成的信物。从玉、耑。

【注释】瑞：王筠《句读》：“犹今言印信。”

琢 zhuó

琢，治玉也。从玉，豖声。 竹角切

【译文】治理玉石。从玉，豖声。

理 lǐ

理，治玉也。从玉，里声。 良止切

【**译文**】理，治理玉石。从玉，里声。

珍 zhēn

珍，宝也。从玉，㐱声。　陟邻切

【**译文**】珍，（玉石之类的）宝物。从玉，㐱声。

玩 wán

玩，弄也。从玉，元声。　五换切

【**译文**】玩，捧玉玩弄。从玉，元声。

【**注释**】玩：从弄玉到弄贝，所以又可写作“貦”。后泛指一切玩弄、戏耍。《尚书·旅獒》：“玩人丧德，玩物丧志。”

玲 líng

玲，玉声。从玉，令声。　郎丁切

【**译文**】玲，玉相撞击声。从玉，令声。

【**注释**】玲：玲珑，亦即珑玲，双音单纯词。《文选·东都赋》：“和銮玲珑。”李善注引：“玲珑，玉声也。”

碧 bì

碧，石之青美者。从玉、石，白声。　兵尺切

【**译文**】碧，青色又美丽的石头。从玉、石会意，白声。

【**注释**】《段注》：“从玉石者，似玉之石也。”“碧色青白，金克木之色也，故从白。云白声者，以形声苞会意。”

珠 zhū

珠，蚌之阴精。从玉，朱声。《春秋国语》曰“珠以御火灾”是也。　章俱切

【**译文**】珠，珠蚌体内精气所聚。从玉，朱声。《春秋国语》中说：“珠足以用来抵御火灾。”就是这个意思。

瑰 guī

瑰，玫瑰。从玉鬼声。一曰圜好。　公回切

【译文】瑰，玫瑰。从玉，鬼声。一说：珠子圆好叫作瑰。

琅 láng

琅，琅玕，似珠者。从玉，良声。　鲁当切

【译文】琅，琅玕，像圆珠的玉石。从玉，良声。

【注释】似珠：《段注》："出于蚌者为珠，则出于地中者为似珠。"

珊 shān

珊，珊瑚，色赤，生于海，或生于山。从玉，删省声。稣干切

【译文】珊，珊瑚，红色，有的生在海中，有的生在山中。从玉，"删"字省去"刂"为声。

【注释】珊瑚：科学解释为由许多珊瑚虫分泌的石灰质骨骼聚集而成的东西。形状像树枝，多粉色，也有白色或黑色。可供玩赏，也可做装饰品。

玨部

班 bān

班，分瑞玉。从玨从刀。　布还切

【译文】班，将瑞玉一分为二。从玨从刀会意。

【注释】瑞玉：古代用作凭证的东西，中分为二，各执其一。瑞，为古代凭信之玉，不必更加玉字。

气部

气 qì

气，云气也。象形。凡气之属皆从气。　去既切

【译文】气，云气。象形。大凡气的部属都从气。

【注释】气：云气，泛指一切气体。

 氛 fēn

氛，祥气也。从气，分声。　符分切

【译文】氛，体现吉凶的云气。从气，分声。

士部

 士 shì

士，事也。数始于一，终于十。从一从十。孔子曰："推十合一为士。"凡士之属皆从士。　钼里切

【译文】士，会办事的人。数目从一到十结束。从一从十会意。孔子说："能够从众多的事物中推演归纳出一个简要道理的人就是士。"大凡士的部属都从士。

丨部

丨 gǔn

丨，上下通也。引而上行读若囟，引而下行读若退。凡丨之属皆从丨。　古本切

【译文】丨，上下通彻。引长笔画向上行，读音同"囟"字；引长笔画向下行，读音同"退"字。大凡丨的部属都从丨。

屮部

屮 chè

屮，艸木初生也。象丨出形，有枝茎也。古文或以为艸字。读若彻。凡屮之属皆从屮。尹彤说。　丑列切

【译文】屮，草木初生。象草木长出地面的形状，而且有了枝茎。古文有时把它当作艸字。音读同"彻"字。大凡屮的部属都从屮。这是尹彤的说法。

【注释】读若彻：《段注》："彻，通也。义存乎音。"

 **屯** zhūn

屯，难也。象屮木之初生，屯然而难。从屮贯一。一，地也。尾曲。《易》曰：“屯，刚柔始交而难生。” 陟伦切

【译文】屯，艰难。象草木初生，曲折而又艰难的形状。其形由屮贯穿一构成。一，代表地面。屯字的尾部弯曲。《周易》说：“屯卦，是阴柔阳刚二气开始交合而出现艰难的形象。”

【注释】屯然：曲折之貌。然，助词。尾曲：徐灏《段注笺》：“此篆从屮曲之，以象难生之意。”

 **每** měi

每，艸盛上出也。从屮，母声。 武罪切

【译文】每，草木茂盛上长的样子。从屮，母声。

【注释】每：草丰盛。《春秋左氏传》：“原田每每，舍其旧而新是谋。”

 **毒** dú

毒，厚也。害人之艸，往往而生。从屮从毒。 徒沃切

【译文】毒，厚。害人的草，历历而生。从屮，从毒。

【注释】往往：《段注》：“犹历历也。”从毒：徐锴《系传》作“毐声”。《系传·祛妄》：“毒，乌代反。”《汉书·地理志》：“多犀象毒冒珠玑。”颜师古注：“毒音代。”可见，毒有代音，与毐声相近。

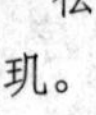 **熏** xūn

熏，火烟上出也。从屮，从黑。屮黑，熏黑也。 许云切

【译文】熏，火烟向上冒出（熏黑物体）的意思。从屮从黑会意。屮黑，火烟上升把物体熏黑。

艸部

 **艸** cǎo

艸，百卉也。从二屮。凡艸之属皆从艸。 仓老切

【译文】艸，百卉。由两个“屮”构成。大凡艸中的部属都从艸。

庄 zhuāng

庄，上讳。　侧羊切

【译文】庄（莊）：已故汉明帝的名字，避讳。

【注释】上讳：《段注》：“其说解当曰：艸大也。从艸，壮声。”“此形声兼会意字，壮训大，故庄训艸大。”

芝 zhī

芝，神艸也。从艸从之。　止而切

【译文】芝，神草。从艸，之声。

【注释】神艸：徐灏《段注笺》：“古人以芝为祥瑞，《本草》云：服之轻身延年，故谓之神艸，亦曰灵芝，其实蕈菌之属耳。”

莆 fǔ

莆，萐莆也。从艸，甫声。　方矩切

【译文】莆，萐莆。从艸，甫声。

莠 yǒu

莠，禾粟下生莠。从艸，秀声。读若酉。　与久切

【译文】莠，禾粟之间长的似禾非禾的东西叫莠。从艸，秀声。音读像“酉”字。

【注释】莠：《段注》：“今之狗尾草。”

苏 sū

苏，桂荏也。从艸，穌声。　素孤切

【译文】苏（蘇），味辛如桂的荏类植物。从艸，穌声。

【注释】桂荏：《段注》：“今之紫苏。”桂馥《说文解字·义证》：“《本草纲目》：蘇从穌，舒畅也。苏性舒畅，行气和血，故谓之苏。苏乃荏类，而味辛如桂。故《尔雅》谓之桂荏。”

葵 kuí

葵，菜也。从艸癸声。　强惟切

【译文】葵，葵菜。从艸，癸声。

【注释】葵：又名冬葵、冬寒菜。详见王祯《农书》。《诗经·豳风·七月》：“七月烹葵及菽。”

薇 wēi

薇，菜也，似藿。从艸微声。　无非切

【译文】薇，薇菜，（茎叶和味）像豆。从艸，微声。

芋 yù

芋，大叶实根，骇人，故谓之芋也。从艸亏声。　王遇切

【译文】芋，大大的叶子，饱满充实的根，令人惊骇，所以叫作芋。从艸，亏声。

【注释】芋：徐锴《系传》：“芋犹言吁也。吁，惊词，故曰骇人谓之芋。”

菊 jú

菊，大菊，蘧麦。从艸，匊声。　居六切

【译文】菊，大菊，又名蘧麦。从艸，匊声。

菁 jīng

菁，韭华也。从艸青声。　子盈切

【译文】菁，韭菜的花。从艸，青声。

苹 píng

苹，萍也。无根，浮水而生者。从艸，平声。　符兵切

【译文】苹，浮萍，没有根，浮在水面而生。从艸，平声。

【注释】萍：浮萍。《尔雅·释艸》：“苹，萍；其大者苹。”郭注：“水中浮萍，江东谓之薸。”

兰 lán

兰，香艸也。从艸，阑声。　落干切

【译文】兰（蘭），香草。从艸，阑声。

【注释】香艸：指泽兰。徐灏《段注笺》：“经传所谓兰，大抵皆泽兰之类，世人以今兰蕙当之，殊误。”

薰 xūn

薰，香艸也。从艸，熏声。　许云切

【译文】薰，香草。从艸，熏声。

【注释】薰：香草名，即蕙草，又叫零陵香。《广雅·释草》：“薰草，蕙草也。”

蓡 shēn

蓡，人蓡，药艸，出上党。从艸，浸声。　山林切

【译文】蓡，人参，一种药草，出自上党。从艸，浸声。

【注释】蓡：字亦作参。王筠《说文句读》：“人参出上党，状类人者善。”上党：汉有上党郡，在今山西省东南部。

薛 xuē

薛，艸也。从艸，辥声。　私列切

【译文】薛，赖蒿草，从艸，辥声。

【注释】薛：即赖蒿，又叫藾萧。

苦 kǔ

苦，大苦，苓也。从艸，古声。　康杜切

【译文】苦，大苦。又叫蘦草。从艸，古声。

【注释】大苦：甘草。一说黄药。桂馥《义证》：“苓当为蘦。本书：‘蘦，大苦也。’《释草》同。馥案：即黄药也。”徐灏《段注笺》：“此作苓，为假借字。令声古音在真部，周秦以后转入庚部，故与蘦相通耳。”

菩 bèi

菩，艸也。从艸，音声。 步乃切

【译文】菩，黄背草。从艸，音声。

【注释】菩：黄背草，可以用来编织席。钱坫《斠诠》：“《周易》‘丰其蔀’，郑本作‘菩’，云：‘小席’。是以艸作席。”

茅 máo

茅，菅也。从艸，矛声。 莫交切

【译文】茅，菅草一类。从艸，矛声。

【注释】茅：白茅，青茅（古代祭祀时用以渗酒）。菅：《段注》：“统言则茅菅是一，析言则菅与茅殊。许菅茅互训。此从统言也。”

蒲 pú

蒲，水艸也。可以作席。从艸，浦声。 薄胡切

【译文】蒲，水草，可用来编织席子。从艸，浦声。

【注释】蒲：又叫香蒲。水生植物。茎和叶可以编蒲席、蒲包和扇子。嫩苗叫蒲菜，可食用。花粉称蒲黄，可做止血药。

蔗 zhè

蔗，藷蔗也。从艸，庶声。 之夜切

【译文】蔗，藷蔗。从艸，庶声。

苓 líng

苓，卷耳也。从艸，令声。 郎丁切

【译文】苓，卷耳草。从艸，令声。

【注释】苓：苓耳，又名卷耳，药草。

茜 qiàn

茜，茅蒐也。从艸，西声。 仓见切

【译文】茜，茅蒐草。从艸，西声。

【注释】茅蒐：《尔雅·释草》："茹芦，茅蒐。"郭璞注："今之蒨也，可以染绛。"《释文》："蒨，本或作茜。"

苞 bāo

苞，艸也。南阳以为粗履。从艸，包声。　布交切

【译文】苞，藨草。南阳人用来编织草鞋。从艸，包声。

【注释】苞：藨草。多丛生水边，全株可造纸和编席。粗（cū）履：草鞋。

艾 ài

艾，冰台也。从艸，乂声。　五盖切

【译文】艾，冰台草。从艸，乂声。

【注释】艾：《尔雅·释草》郭璞注："今艾蒿。"《本草图经》："艾，初春布地，生苗，茎类蒿而叶背白。以苗短者为佳。采叶暴干，经陈久方可用。"

莲 lián

莲，芙蕖之实也。从艸，连声。　洛贤切

【译文】莲，芙蕖的果实。从艸，连声。

茄 jiā

茄，芙蕖茎。从艸，加声。　古牙切

【译文】茄，芙蕖的茎。从艸，加声。

荷 hé

荷，芙蕖叶。从艸，何声。　胡哥切

【译文】荷，芙蕖的叶。从艸，何声。

【注释】芙蕖叶：荷的本义。引申指茎叶花实根全体。《尔雅·释草》："荷，芙蕖。"郭注："别名芙蓉，江东呼荷。"

蔚 wèi

蔚，牡蒿也。从艸，尉声。　于胃切

【译文】蔚，牡蒿。从艸，尉声。

【注释】蔚：《尔雅·释草》："蔚，牡菣。"郭注："无子者。"菣是香蒿，牡菣即牡蒿。

芍 xiào

芍，凫茈也。从艸，勺声。　胡了切

【译文】芍，凫茈草。从艸，勺声。

【注释】凫茈：荸荠。《尔雅·释艸》郭注："生下田，苗似龙须而细，根如指头，黑色，可食。"

葛 gé

葛，絺绤艸也。从艸，曷声。　古达切

【译文】葛，编织细葛布和粗葛布的草。从艸，曷声。

【注释】絺绤艸：桂馥《义证》："本书：絺，细葛也。绤，粗葛也。《诗》：彼采葛兮。传云：葛，所以为絺绤也。"

蔓 màn

蔓，葛属。从艸，曼声。　无贩切

【译文】蔓，葛类藤生植物的通称。从艸，曼声。

【注释】葛属：朱骏声《通训定声》："许云葛属者，谓如葛之类引藤曼长者，凡皆谓之蔓也。"

菌 jùn

菌，地蕈也。从艸，囷声。　渠殒切

【译文】菌，地蕈。从艸，囷声。

【注释】地蕈（xùn）：伞状植物。《尔雅·释艸》郭注："地蕈也，似盖。今江东名为土菌。"王筠《句读》："言地者，对蕈生于木而言。"

荆 jīng

荆，楚，木也。从艸，刑声。 举卿切

【译文】荆，又叫楚，是灌木的一种。从艸，刑声。

【注释】楚：王筠《句读》："谓荆一名楚也。"木：王筠《句读》："以字从艸，故云木。盖此物不大，故从艸。好丛生，故楚从木。"

芽 yá

芽，萌芽也。从艸，牙声。 五加切

【译文】芽，草木的芽儿。从艸，牙声。

【注释】芽：草木新生的芽。《段注》："古多以牙为芽。"芽，后起增偏旁体。萌芽：同义复合。萌，即芽。

萌 méng

萌，艸芽也。从艸，明声。 武庚切

【译文】萌，草木的芽。从艸，明声。

【汼释】芽：《礼记·月令》："句者毕出，萌芽尽达。"郑玄注："句，屈生者。芒而直曰萌。"可见，萌是指直出的芽。

茁 zhuó

茁，艸初生出地皃（貌）。从艸，出声。《诗》曰："彼茁者葭。" 邹滑切

【译文】茁，草木初生长出地面的样子。从艸，出声。《诗经》中说："那刚刚长出地面的是芦苇。"

【注释】从艸，出声：王筠《句读》："茁从出声，声意互相备也。"

茎 jīng

茎，枝柱也。从艸，坙声。 户耕切

【译文】茎，草木的主干。从艸，巠声。

【注释】枝柱：即枝主，众枝之主干。

 叶 yè

叶，艸木之叶也。从艸，枼声。 与涉切

【译文】叶，草木的叶子。从艸，枼声。

 葩 pā

葩，华也。从艸，皅声。 普巴切

【译文】葩，草木的花。从艸，皅声。

【注释】华：《段注》："葩之训华者，草木花也。"

 英 yīng

英，艸荣而不实者。一曰黄英。从艸，央声。 于京切

【译文】英，草只开花却不结实叫作英。另一义说，英是指黄英木。从艸，央声。

【注释】荣而不实：《尔雅·释草》："木谓之华，草谓之荣。不荣而实者谓之秀，荣而不实者谓之英。" 黄英：《尔雅·释木》："权，黄英。"权，黄华木也。

 芒 máng

芒，艸端。从艸，亡声。武方切。

【译文】芒，草末端的芒刺。从艸，亡声。

【注释】艸端：即草端，指草端之刺。麦子和稻谷种子壳上都有细刺，所以叫作芒种。

 茂 mào

茂，艸丰盛。从艸，戊声。 莫候切

【译文】茂，草木繁盛。从艸，戊声。

【注释】茂：草木茂盛。《诗经·小雅·斯干》："如竹苞矣，如松茂矣。"

蒼 苍 cāng

苍，艸色也。从艸，仓声。 七冈切

【译文】苍，草的颜色。从艸，仓声。

苗 苗 miáo

苗，艸生于田者。从艸，从田。 武镳切

【译文】苗，生长在田里的禾。从艸从田会意。

【注释】艸生于田者：谓嘉谷。与杂草生于山野者有别。《诗经·魏风·硕鼠》："无食我苗。"毛传云："苗，嘉谷也。"程瑶田《九谷考》："始生曰苗，成熟曰禾，禾实曰粟。"《段注》："苗本禾未秀（开花吐穗）之名，因以为凡草木初生之名。"

苛 苛 kē

苛，小艸也。从艸，可声。 乎哥切

【译文】苛，小草。从艸，可声。

【注释】小艸：徐灏《段注笺》："苛者，小草丛杂之义，引申为细碎之称。弊政谓之苛，言其琐屑烦扰也。"

荒 荒 huāng

荒，芜也。从艸，㠩声。一曰艸淹地也。 呼光切

【译文】荒，荒芜。从艸，㠩声。一说：杂草掩覆田地叫荒。

落 落 luò

落，凡艸曰零，木曰落。从艸，洛声。 卢各切

【译文】落，大凡草叶凋衰叫零，树叶脱落叫落。从艸，洛声。

【注释】艸曰零：零、落双声，对文有分，散文无别。

蔽 蔽 bì

蔽，蔽蔽，小艸也。从艸，敝声。 必袂切

【译文】蔽，蔽蔽，小草的样子。从艸，敝声。

【注释】也：《段注》：“也当作皃（貌）。《召南》‘蔽芾甘棠’，毛云：‘蔽芾，小皃（貌）。’此小草皃（貌）之引申也。”

菜 cài

菜，艸之可食者。从艸，采声。 苍代切

【译文】菜，可供食用的草。从艸，采声。

【注释】菜：《荀子·富国》：“古禹十年水，汤七年旱，而天下无菜色者。”

薄 bó

薄，林薄也。一曰蚕薄。从艸，溥声。 旁各切

【译文】薄，草木密集丛生。另一说，薄是蚕帘。从艸，溥声。

【注释】林薄：《段注》：“林木相迫不可入曰薄。引申凡相迫皆曰薄。”蚕薄：蚕帘，养蚕用具，用苇、竹编成。后作“箔”。《方言》：“薄，宋魏陈楚江淮之间谓之苗（qū），或谓之麴，自关而西谓之薄。”

芳 fāng

芳，香艸也。从艸，方声。 敷方切

【译文】芳，草的香气。从艸，方声。

【注释】香艸：《段注》：“当作艸香。”

药 yào

药，治病艸。从艸，樂声。 以勺切

【译文】药（藥），治病的草。从艸，樂声。

【注释】药：《吕氏春秋·孟夏》：“是月也，聚蓄百药。”高诱注：“是月阳气极，药草成，故聚积之也。”

荐 jiàn

荐，薦席也。从艸，存声。 在甸切

【译文】荐，草席。从艸，存声。

【注释】薦席：《段注》：“薦见廌部，艸也。不云艸席，云薦席者，取音近也。”

 若 ruò

若，择菜也。从艸、右。右，手也。一曰杜若，香艸。而灼切

【译文】若，择菜。从艸从右会意。右表示右手。另一说，若是杜若，一种香草。

【注释】杜若，香草：徐锴《系传》引《本草》：“杜若，苗似薑，根似旋覆也。”

 茵 yīn

茵，车重席。从艸，因声。　于真切

【译文】茵，车中加垫的褥席。从艸，因声。

【注释】重：加上，增益。

 萎 wěi

萎，食牛也。从艸，委声。　于伪切

【译文】萎，喂牛。从艸，委声。

【注释】萎：徐灏《段注笺》：“餧（喂）牛马以干刍，因之艸木枯谓之萎。”

 蒸 zhēng

蒸，折麻中干也。从艸，烝声。　煮仍切

【译文】蒸，去皮的麻杆。从艸，烝声。

【注释】蒸：麻杆儿（麻骨，麻秸）。折：当依《广韵》十六蒸引作“析”。析麻中干：剥取麻皮后的中干，古代叫作蒸，后来叫作麻杆。

蕉 jiāo

蕉，生枲也。从艸，焦声。　即消切

【译文】蕉，未经沤治的生麻。从艸，焦声。

【注释】生枲：《段注》："枲，麻也。生枲谓未沤治者，今俗以为芭蕉字。"

蒜 suàn

蒜，荤菜。从艸，祘声。　苏贯切

【译文】蒜，荤菜。从艸，祘声。

芥 jiè

芥，菜也。从艸，介声。　古拜切

【译文】芥，芥菜。从艸，介声。

【注释】芥：芥本菜名，又借为草芥、纤芥字。

菲 fěi

菲，芴也。从艸，非声。　芳尾切

【译文】菲，又名芴。从艸，非声。

【注释】菲：菜名。徐灏《段注笺》："陆玑云：'菲似苗，茎麤（粗），叶厚而长，有毛。幽州人谓之芴，《尔雅》谓之蒠菜，今河内人谓之宿菜。'"

苇 wěi

苇，大葭也。从艸，韦声。　于鬼切

【译文】苇，长大了的葭。从艸，韦声。

【注释】大葭：《诗经·豳风·七月》："八月萑苇。"孔颖达疏："初生为葭，长大为芦，成则名为苇。"

蒙 méng

蒙，王女也。从艸，冡声。　莫红切

【译文】蒙，大的女萝草。从艸，冡声。

【注释】蒙：蒙菜。《尔雅·释草》："蒙，即唐也。女萝别名。"王女：大女萝。朱骏声《通训定声》："钱辛楣师曰：'女萝之大者名王女，犹王彗、王刍也。'按凡物之大者或称王，或称马牛。"

 藻 zǎo

藻，水艸也。从艸，从水，巢声。《诗》曰："于以采藻。" 子皓切

【译文】藻，水藻草。从艸从水会意，巢声。《诗经》中说："到什么地方去采水藻草？"

【注释】水艸：陆玑《诗义疏》："藻，水草也。有二种：其一种叶如鸡苏（草名，水苏），茎大如箸，长四五尺；其一种茎大如钗股，叶如蓬蒿，谓之聚藻。"

 范 fàn

范，艸也。从艸，氾声。 房ᴕ切

【译文】范，范草。从艸，氾声。

 蒿 hāo

蒿，菣也。从艸，高声。 呼毛切

【译文】蒿，青蒿。从艸，高声。

【注释】蒿：蒿子。《诗经·小雅·鹿鸣》："呦呦鹿鸣，食野之蒿。" 菣（qìn）：青蒿，又叫香蒿。《尔雅·释艸》郭注："今人呼青蒿香中炙啖者为菣。"王筠《句读》："汝南呼青蒿为菣。见陆玑《诗义疏》。此亦许君之乡语也。"

 蓬 péng

蓬，蒿也。从艸，逢声。 薄红切

【译文】蓬，蓬蒿草。从艸，逢声。

茸 róng

茸，艸茸茸皃（貌）。从艸，聦省声。　而容切

【译文】茸，草初生的样子。从艸，聦省悤声。

【注释】艸茸茸皃（貌）：王筠《句读》：“《玉篇》：艸生也。《广韵》：艸生皃。盖艸初生之状谓之茸。”

草 zǎo

草，草斗，栎实也。一曰象斗子。从艸，早声。　自保切

【译文】草，黑色的壳斗包裹着的子实，柞栎的子实，又叫象斗子。从艸，早声。

蓄 xù

蓄，积也。从艸，畜声。　丑六切

【译文】蓄，积聚。从艸，畜声。

【注释】从艸：徐锴《系传》：“蓄谷、米、刍、茭、蔬菜以为备也。”所以其字从艸。

芙 fú

芙，芙蓉也。从艸，夫声。　方无切

【译文】芙，芙蓉，即莲花。从艸，夫声。

【注释】芙蓉：莲花。已经开的叫芙蓉，未开的叫菡萏。《楚辞·招魂》：“芙蓉始发，杂芰荷些。”《文选·公宴诗》：“芙蓉散其花，菡萏溢金堂。”

茻部

莫 mù

莫，日且冥也。从日在茻中。　莫故切，又慕各切

【译文】莫，太阳将要落山。从日在茻中会意。

【注释】且：将。冥：指落下。

莽 mǎng

莽，南昌谓犬善逐菟艸中为莽。从犬，从茻，茻亦声。谋朗切

【译文】莽，南昌说狗善于在草中追逐兔子叫莽。从犬从茻会意，茻也表声。

葬 zàng

葬，藏也。从死在茻中；一其中，所以荐之。《易》曰："古之葬者，厚衣之以薪。" 则浪切

【译文】葬，将尸体掩埋收藏。由"死"（即"尸"）字在茻字中构成，中间的一横，表示用来垫尸体的草席。《周易》说："古代掩埋尸体，用草木厚厚地包裹着死者。"

【注释】死：指死字。

小部

小 xiǎo

小，物之微也。从八，丨见而分之。凡小之属皆从小。私兆切

【译文】小，细微的物体。从八（表示分别），小物出现了，就分解它。大凡小的部属都从小。

少 shǎo

少，不多也。从小，丿声。 书沼切

【译文】少，不多。从小，丿声。

【注释】不多：《段注》："不多则小，故古少、小互训通用。"从小，丿声：徐锴《系传》："丿音夭。"

八部

八 bā

八，别也，象分别相背之形。凡八之属皆从八。 博拔切

【译文】八，分别。象分别相背离的形状。大凡八的部属都从八。

【注释】象分别相背之形：王筠《释例》：“此象人意中之形，非象人目中之形也。凡非物而说解云象形者皆然。”

 **分** fēn

分，别也。从八，从刀，刀以分别物也。　甫文切

【译文】分，分别。从八，从刀，刀是用来分别物体的。

 **曾** céng

曾，词之舒也。从八，从曰，囮声。　昨棱切

【译文】曾，虚词中表示舒缓语气的助词。从八从曰会意，囮声。

【注释】从八：《段注》：“亦象气之分散。”囮声：囮，古文囱字，朱骏声《通训定声》：“按窗曾一声之转。此以双声得声。”

 **尚** shàng

尚，曾也，庶几也。从八，向声。　时亮切

【译文】尚，增加，希冀。从八，向声。

【注释】曾：徐灏《段注笺》：“尚之言上也，加也。曾犹重也，亦加也。故训为曾。”庶几：徐灏《段注笺》：“冀及之词。”

 **介** jiè

介，画也。从八，从人。人各有介。　古拜切

【译文】介，界限。从八从人会意，表示人各自守自己的界限。

【注释】从八：八表示分别相间。介：即界，古今字。

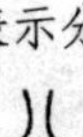 **公** gōng

公，平分也。从八从厶。八犹背也。韩非曰：背厶为公。古红切

【译文】公，平均分配。从八从厶会意，八犹如背离的意思。韩非子说：背离私就是公。

【注释】厶（sī）：徐锴《系传》："厶音私，不公也。"

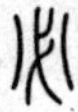 **必** bì

必，分极也。从八、弋，弋亦声。　卑吉切

【译文】必，分别的标准。从八、弋，弋也表声。

【注释】分极：《段注》："极犹准也……立表（标志）为分判之准，故云分极。"徐灏笺："疑此乃弓柲本字，借为语词之必然耳……弓柲以两竹夹持之，从八指事兼声耳。"

 **余** yú

余，语之舒也。从八，舍省声。　以诸切

【译文】余，虚词中表示舒缓语气的助词。从八，舍省声。

【注释】语之舒：《段注》"语，《匡谬正俗》引作词。《左氏传》：'小白余敢贪天子之命，无下拜。'此正词之舒。亏部曰：'亏，于也。象气之舒亏。'然则余亏异字而同音义。"从八：《段注》："象气之分散。"舍省声：余，上古喻纽，鱼部；舍，书纽，鱼部。二字同是舌音，又同部。

采部

 **番** fán

番，兽足谓之番。从采，田，象其掌。　附袁切

【译文】番，兽足叫番。从采，田，象兽的足掌。

 **悉** xī

悉，详尽也。从心，从采。　息七切

【译文】悉，详细，穷尽。从心从采会意。

 **释** shì

释，解也。从采；采，取其分别物也。从睪声。　赏职切

【译文】释，解下。从采；采是取其分辨区别事物的意思。从睪（表示通过眼睛观察来辨别事物），睪也表示读音。

半部

 **半** bàn

半，物中分也。从八从牛。牛为物大，可以分也。凡半之属皆从半。 博幔切

【译文】半，物体从中间对分，各为一半。从八（表示分别）；从牛，牛是大的物体，可以分割。大凡半的部属都从半。

 **胖** pàn

胖，半体肉也。一曰广肉。从半，从肉，半亦声。 普半切

【译文】胖，（祭祀时用的）半体牲。一肉多为胖。从半从肉会意，半也表声。

 **叛** pàn

叛，半也。从半，反声。 薄半切

【译文】叛，分离。从半，反声。

牛部

 **牛** niú

牛，大牲也。牛，件也；件，事理也。象角头三、封、尾之形。凡牛之属皆从牛。 语求切

【译文】牛，牺牲之大者。牛为大物可分，分而为件。件分中牲，为祭祀之事，其有纹理，略可分析。象形字，上部象头得角，中一横，象其封，封为肩胛上的肉峰；下一竖，象其尾。大凡牛的部属都从牛。

【注释】牛，件也；件，事理也：王筠《句读》：“二句支

离，盖后增也。”象角头三、封、尾之形：《段注》：“角头三者谓上三岐者，象两角与头为三也……封者谓中画象封也，封者肩甲坟起之处……尾者谓直画下垂象尾也。”

 牡 mǔ

牡，畜父也。从牛，土声。　莫厚切

【译文】牡，雄性的兽类。从牛，土声。

【注释】土声：《段注》：“或曰，土当作士，士者，夫也。之韵、尤韵合音最近。”

 特 tè

特，朴特，牛父也。从牛，寺声。　徒得切

【译文】特，没有被阉割的牛，即牛父。从牛，寺声。

 牲 shēng

牲，牛完全。从牛，生声。　所庚切

【译文】牲，指供祭祀用的完整的牛。从牛，生声。

【注释】牛完全：《段注》：“（牲）引申为凡畜之称。”朱骏声《通训定声》：“《周礼·庖人》注：‘始养之曰畜，将用之曰牲。’是牲者祭祀之牛也。而羊豕亦以类称之。”

 牵 qiān

牵，引前也。从牛，象引牛之縻也。玄声。　苦坚切

【译文】牵，牵引着向前。从牛，（冂）象牵着牛的绳索。玄声。

【注释】引前：徐灏《段注笺》：“牵从牛，当以挽牛为本义，引申为凡联贯之称。”縻：牛鼻绳。

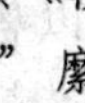 牢 láo

牢，闲，养牛马圈也。从牛，冬省。取其四周帀也。　鲁刀切

【译文】牢，闲，闲为栏。关养牛马（等牲畜）的栏圈。从牛，“冬”字省去下面的“仌”（冰）会意。取四周包围的意思。

【注释】闲：“阑也。”《段注》：“防禽兽触啮”。

犀 xī

犀，南徼外牛。一角在鼻，一角在顶，似豕。从牛，尾声。 先稽切

【译文】犀，南方边境之外的一种牛。一只角长在鼻子上，一只角长在额顶上，像猪。从牛，尾声。

【注释】徼：边境，边界。王筠《句读》：“徼犹塞也。东北谓之塞，西南谓之徼。” “一角”句：《汉书·平帝纪》：“黄友国献犀牛。”颜师古注：“犀状如水牛，头似猪而四足类象。黑色，一角当额前，鼻上又有小角。”

物 wù

物，万物也。牛为大物；天地之数，起于牵牛，故从牛。勿声。 文弗切

【译文】物，万物。牛是万物之中的大物；头牵牛所在的星次号为星纪，日、月之行从此算起，周人用来计算岁首，所以物从牛。勿表示读音。

告部

告 gào

告，牛触人，角箸横木，所以告人也。从口，从牛。《易》曰：“僮牛之告。”凡告之属皆从告。 古奥切

【译文】告，牛喜欢用角抵人，角上施加横木，是用以告诉人们的标志。从口从牛会意。《周易》说：“僮中之告。”大凡告的部属都从告。

口部

口 kǒu

口，人所以言食也。象形。凡口之属皆从口。苦后切。

【译文】口，人用来说话饮食的器官。象形。大凡口的部属都从口。

【注释】口：嘴。《礼记·曲礼上》：“负剑辟咡诏之则掩口而对。”

吻 wěn

吻，口边也。从口，勿声。　武粉切

【译文】吻，嘴唇。从口，勿声。

【注释】口边：王筠《句读》：“《仓颉篇》：吻，唇两边也。”

咙 lóng

咙，喉也。从口，龙声。　卢红切

【译文】咙，喉咙。从口，龙声。

【注释】喉：《尔雅·释鸟》：“亢，鸟咙。”郭注：“咙，谓喉咙。”

吞 tūn

吞，咽也。从口，天声。　土根切

【译文】吞，咽下。从口，天声。

咽 yān

咽，嗌也。从口，因声。　乌前切

【译文】咽，咽喉。从口，因声。

咳 hái

咳，小儿笑也。从口，亥声。　户来切

【译文】咳，小儿笑的样子。从口，亥声。

【注释】小儿笑：张舜徽《约注》："小儿笑曰咳，因之小儿亦称'孩'，用引申义也。后世谓儿为孩。借咳为欬（咳嗽），分为二字矣"。

 **吮** shǔn

吮，欶也。从口，允声。　徂沇切

【译文】吮，用口含吸。从口，允声。

【注释】吮：用嘴含吸。《韩非子·备内》："医善吮人之伤，含人之血。"

 **含** hán

含，嗛也。从口，今声。　胡男切

【译文】含，衔。从口，今声。

【注释】嗛：口里衔着。

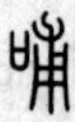 **哺** bǔ

哺，哺咀也。从口，甫声。　薄故切

【译文】哺，口中咀嚼食物。从口，甫声。

【注释】哺咀：《尔雅·释文》引作"口中嚼食也"。

 **味** wèi

味，滋味也。从口，未声。　无沸切

【译文】味，滋味。从口，未声。

【注释】滋：王筠《句读》："《檀弓》：'必有艸木之滋焉。'注：'增以香味。'是滋即味也。"滋味：同义复合词。

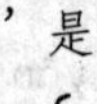 **唾** tuò

唾，口液也。从口，垂声。　汤卧切

【译文】唾，口中的唾液。从口，垂声。

 **喘** chuǎn

喘，疾息也。从口，耑声。　昌沇切

【译文】喘，急促地呼吸。从口，耑声。

【注释】疾息：《段注》："此分别之。息下曰：'喘也。'浑言之也。"

呼 hū

呼，外息也。从口，乎声。　荒乌切

【译文】呼，向外吐气。从口，乎声。

【注释】外息：《段注》："出其息也。"

吹 chuī

吹，嘘也。从口，从欠。　昌垂切

【译文】吹，撮起嘴唇急促地吐气。从口从欠会意。

【注释】吹：吹气。《庄子·逍遥游》："生物之以息相吹也。"

名 míng

名，自命也。从口，从夕。夕者，冥也。冥不相见，故以口自名。　武并切

【译文】名，自己说出自己的名字。从口从夕会意。夕是夜晚的意思。夜晚因为看不见彼此，所以要说出自己的名字。

【注释】自命：自己称呼自己的名字。　命：命名。这里指称呼。

哲 zhé

哲，知也。从口，折声。　陟列切

【译文】哲，明智。从口，折声。

君 jūn

君，尊也。从尹。发号，故从口。　举云切

【译文】君，尊贵。从尹，表示治理的意思。发号施令，故而从口。

命 mìng

命，使也。从口，从令。　眉病切

【译文】命，使命。从口从令会意。

【注释】命：差使。《左传·桓公二年》：“宋殇公立，十年十一战，民不堪命。”

咨 zī

咨，谋事曰咨。从口，次声。　即夷切

【译文】咨，谋划事情叫咨。从口，次声。

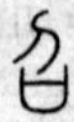

召 zhào

召，评也。从口，刀声。　直少切

【译文】召，呼唤。从口，刀声。

【注释】评：朱骏声《通训定声》：“以言曰召，以手曰招。”

问 wèn

问，讯也。从口，门声。　亡运切

【译文】问，询问。从口，门声。

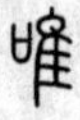

唯 wéi

唯，诺也。从口，隹声。　以水切

【译文】唯，应答声。从口，隹声。

【注释】诺：《段注》：“此浑言之。《玉藻》曰：‘父命呼，唯而不诺。’析言之也。”

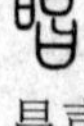

唱 chàng

唱，导也。从口，昌声。　尺亮切

【译文】唱，唱导。从口，昌声。

【注释】唱：《段注》：“古多以倡字为之。”徐灏《段注笺》：“歌唱者，唱和之引申也。”

和 hè

和，相譍也。从口，禾声。　户戈切

【译文】和，相譍和。从口，禾声。

【注释】相譍：徐锴《系传》作应，许书无譍字。

哑 è

哑，笑也。从口，亚声。《易》曰：“笑言哑哑。”　于革切

【译文】哑，笑声，从口，亚声。《周易》说：“笑声哑哑。”

【注释】哑哑：朱骏声《通训定声》：“笑声也。”

台 yí

台，说也。从口，目声。　与之切

【译文】台，喜悦。从口，目声。

【注释】说：通“悦”。徐锴《系传》：“《史记序传》曰‘诸吕不台’，作此字。言不为人所怡悦也。”《段注》：“台说者，今之怡悦字。《说文》怡训和，无悦字。”

咸 xián

咸，皆也，悉也。从口，从戌。戌，悉也。　胡监切

【译文】咸，全、都，详尽。从口从戌会意。戌，详尽。

【注释】戌，悉：《段注》：“此从戌之故。戌为悉者，同音假借之理。”戌和悉都属心纽。

呈 chéng

呈，平也。从口，壬声。　直贞切

【译文】呈，平。从口，壬声。

【注释】平：徐灏《段注笺》："呈即古程字。冀川从事郭君碑'先民有呈'是其证。《荀子·致士篇》曰：'程者，物之准也。'准即平也。"

右 yòu

右，助也。从口，从又。　于救切

【译文】右，帮助。从口从又会意。

【注释】助：《段注》："又者，手也。手不足，以口助之，故曰助也。今人以左右为𠂇又字，则又制佐佑为左右字。"

吉 jí

吉，善也。从士口。　居质切

【译文】吉，吉祥美好。从士从口会意。

【注释】从士口：徐灏《段注笺》："从士口，所以异于野人之言也。"

周 zhōu

周，密也。从用口。　职留切

【译文】周，周密。从用从口会意。

【注释】从用口：《段注》："善用其口则密。"

唐 táng

唐，大言也。从口，庚声。　徒郎切

【译文】唐，大话。从口，庚声。

【注释】大言：《庄子·天下》："荒唐之言。"即是大言。庚声：庚古音读如"冈"，属阳部。与昜声同部相近。

吐 tǔ

吐，写也。从口，土声。　他鲁切

【译文】吐，东西从口腔中涌出来。从口，土声。

吃 jī

吃，言蹇难也。从口，气声。　居乙切

【译文】吃，说话困难。从口，气声。

【注释】蹇：难。

嗜 shì

嗜，嗜欲，喜之也。从口，耆声。　常利切

【译文】嗜，嗜欲，喜爱某种事物。从口，耆声。

【注释】耆声：《段注》："经传多假耆为嗜。"

噴 pēn

噴，吒也。从口，贲声。一曰鼓鼻。　普魂切

【译文】噴，呵斥。从口，贲声。一说，噴就是喷嚏。

【注释】吒：徐灏《段注笺》："今俗语犹谓吒人曰噴。又，鼓鼻谓之喷嚏。"按：打喷嚏时鼻翼鼓动出气，所以叫鼓鼻。

唇 zhēn

唇，惊也。从口，辰声。　侧邻切

【译文】唇，吃惊。从口，辰声。

【注释】惊：《段注》："后人以震字为之。"徐灏笺："俗用为唇舌字。"

吁 xū

吁，惊也。从口，于声。　况于切

【译文】吁，表示惊叹的虚词。从口，于声。

【注释】惊：徐灏《段注笺》："吁，惊叹之词。"

呻 shēn

呻，吟也。从口，申声。　失人切

【译文】呻，吟诵。从口，申声。

【注释】吟：《礼记·学记》："呻其占毕。"注："呻，吟也。"《段注》："呻者，吟之舒；吟者，呻之急。浑言则不别也。"

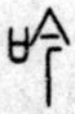 **吟** yín

吟，呻也。从口，今声。　鱼音切

【译文】吟，咏叹。从口，今声。

【注释】吟：声调抑扬的吟咏。《史记·屈原贾生列传》："屈原至于江滨，披发行吟泽畔。"

 **叹** tàn

叹，吞叹也。从口，叹省声。一曰太息也。　他案切

【译文】叹（嘆），饮恨吞声而叹息。从口，"歎"省"欠"为声。另一义说，叹泛指深深的叹息。

【注释】吞叹：徐锴《系传》："欲言不能，吞恨而太息也。"《段注》："叹歎二字，今人通用。毛诗中两体错出。依《说文》则义异。歎近于喜，叹近于哀。故叹训吞歎，吞其歎而不能发。"

 **噎** yè

噎，歠也。从口，曷声。　于介切

【译文】噎，气竭声嘶。从口，曷声。

【注释】歠：当依《系传》作"渴"。

 **哨** shào

哨，不容也。从口，肖声。　才肖切

【译文】哨，指口小而不能容纳。从口，肖声。

【注释】不容：《韵会》引徐锴《系传》作"口不容也"。

 吝 lìn

吝，恨惜也。从口，文声。《易》曰：“以往吝。” 良刃切

【译文】吝，悔恨，吝惜。从口，文声。《周易》上说：“如果径直走过去而不舍弃，就会导致悔恨。”

【注释】吝：吝啬，悭吝。《论语·泰伯》：“如有周公之才之美，使骄且吝，其余不足观也已。”

 各 gè

各，异辞也。从口、夊。夊者，有行而止之，不相听也。古洛切

【译文】各，表示违异的虚词。从口从夊会意。“夊”的意思是表示有人使之行走而又有人使之停下来，彼此间不相听从。

【注释】夊：从后至也。有行而止之：王筠《句读》：“各则此行而彼止之，是不相听从之意也。”

 否 fǒu

否，不也。从口从不。 方九切

【译文】否，不。从口从不会意。

【注释】不：《段注》“不者，事之不然也。否者，说事之不然也。故音义皆同。” 从口从不：徐锴《系传》：“心有不可，口必言之，故于文口、不为否。”按：否应是会意兼形声之字。

 唁 yàn

唁，吊生也。从口，言声。《诗》曰：“归唁卫侯。” 鱼变切

【译文】唁，慰问（遭遇丧事的）生者。从口，言声。《诗经》说：“回去慰问（亡国的）卫侯。”

哀 āi

哀，闵也。从口，衣声。 乌开切

【译文】 哀，怜悯。从口，衣声。

吠 fèi

吠，犬鸣也。从犬、口。 符废切

【译文】 吠，狗叫。从犬从口会意。

【注释】 吠：狗叫。《诗经·召南·野有死麕》："无使尨也吠。"

咆 páo

咆，嗥也。从口，包声。 薄交切

【译文】 咆，嗥叫。从口，包声。

【注释】 嗥：沈涛《古本考》："咆嗥为熊虎之声。而人之大怒亦谓之咆。今人犹言大怒曰咆嗥。"

哮 xiào

哮，豕惊声也。从口，孝声。 许交切

【译文】 哮，猪惊叫的声音。从口，孝声。

啄 zhuó

啄，鸟食也。从口，豖声。 竹角切

【译文】 啄，鸟用嘴取食。从口，豖声。

哭部

哭 kū

哭，哀声也。从吅，獄省声。凡哭之属皆从哭。 苦屋切

【译文】 哭，悲哀的声音。从吅，獄省犾为声。大凡哭的部属都从哭。

【注释】哀声：泣，无声出涕曰泣。哭、泣，析言有别。

丧 sāng

丧，亡也。从哭从亡。会意。亡亦声。 息郎切

【译文】丧，失去、丧失。从哭从亡会意。亡也表声。

【注释】亡：《段注》："亡部曰：亡，逃也。非死之谓。""凡丧失字本皆平声，俗读去声以别于死丧平声，非古也。"朱骏声《通训定声》："《白虎通》：'人死谓之丧何？言其丧亡不可复得见也。不直言死、称丧者何，为孝子之心不忍言也。'"

走部

走 zǒu

走，趋也。从夭、止。夭止者，屈也。凡走之属皆从走。子苟切

【译文】走，跑。从夭从止会意。夭的意思是因为跑得快，腿脚弯曲。大凡走的部属都从走。

【注释】趋：《段注》："《释名》曰：'徐行曰步，疾行曰趋，疾趋曰走。'此析言之，浑言不别也。" 从夭、止：饶炯《部首订》："古文以止为足。夭下说屈也。凡人举步则足屈。走者行之疾，其足愈屈，故从夭止会意。"

趋 qū

趋，走也。从走，刍声。 七逾切

【译文】趋，跑。从走，刍声。

赴 fù

赴，趋也。从走，仆省声。 芳遇切

【译文】赴，奔跑。从走，仆省人为声。

【注释】趋：徐锴《系传》："一心趋向之也。"

趣 qù

趣，疾也。从走，取声。　七句切

【译文】趣，疾跑。从走，取声。

【注释】疾：承培元《广答问疏证》：“趣，疾走也”“凡言走之疾速者皆以趣为正字。”

超 chāo

超，跳也。从走，召声。　敕宵切

【译文】超，跳，跳跃。从走，召声。

越 yuè

越，度也。从走，戉声。　王伐切

【译文】度过。从走，戉声。

【注释】越：度过。《楚辞·天问》：“阻穷西征，岩何越焉？”王逸注：“越，度也。”

起 qǐ

起，能立也。从走，巳声。　墟里切

【译文】起，指能（举足）站立。从走，巳声。

【注释】能立：《段注》：“起本发步之称，引申之，训为立，又引申之为凡始事、凡兴作之称”。张舜徽《约注》：“古人席地跪坐，举足而立。”按：举足而立乃是《段注》所说“发步”之始。巳声：《玉篇》：“巳，起也。”声中有义。

赵 zhào

赵，趋赵也。从走，肖声。　治小切

【译文】赵（趙），趍（chí）赵。从走，肖声。

【注释】趋赵，趋当是趍字之误。趍赵即踟蹰。

赶 gǎn

赶，举尾走也。从走，干声。　巨言切

【译文】赶，兽畜翘着尾巴奔跑。从走，干声。

【注释】举尾走：朱骏声《通训定声》："谓兽畜疾走。"

止部

止 zhǐ

止，下基也。象艸木出有址，故以止为足。凡止之属皆从止。　诸市切

【译文】止，地下的基础。象草木长出根干基址，因此用止字来表示足。大凡止的部属都从止。

前 qián

前，不行而进谓之歬。从止在舟上。　昨先切

【译文】前，不行而进叫作歬。从止在舟上会意。

【注释】从止句：徐灏《段注笺》："人不行而能进者，唯居于舟为然。故从舟。止者，人所止也。"

历 lì

历，过也。从止，厤声。　郎击切

【译文】历，经过。从止，厤声。

归 guī

归，女嫁也。从止，从妇省，𠂤声。　举韦切

【译文】归，女子出嫁。从止从妇字省去女会意。𠂤声。

【注释】女嫁：桂馥《义证》："《公羊传》：'妇人谓嫁曰归。'何云：'妇人生以父母为家，嫁以夫为家，故谓嫁曰归'"。从止：徐锴《系传》："止者，止于此也。"

疌 jié

疌，疾也。从止，从又。又，手也。屮声。　疾叶切

【译文】疌，迅速。从止从又会意。又，表示手。屮声。

【注释】疾：徐锴《系传》："止，足也。又，手也。手足共为之，故疾也。"

癶部

 癶 bō

癶，足剌癶也。从止、少。凡癶之属皆从癶。读若拨。北末切

【译文】癶，两足剌癶不顺。从止从少会意。大凡癶的部属都从癶。读音如同"拨"字。

【注释】剌癶：叠韵连绵字。徐锴《系传》："两足相背不顺，故剌癶也。"

 登 dēng

登，上车也。从癶、豆。象登车形。　都滕切

【译文】登，登上车。从癶字在豆字之上会意，表示两只脚站立在登车时用来垫脚的石头上，象登车之形。

【注释】豆：登车的乘石。

步部

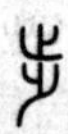 步 bù

步，行也。从止少相背。凡步之属皆从步。　薄故切

【译文】步，缓慢行走。从止少相背而会意。大凡步的部属都从步。

【注释】步：《释名》："徐行曰步。"

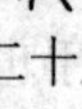 岁 suì

岁，木星也。越历二十八宿，宣徧阴阳，十二月一次。从步，戌声。律历书名五星为五步。　相锐切

【译文】岁，木星。经过了二十八星宿，行遍了阴阳十二辰，每十二个月就行走了一个躔次。从步，戌声。律历书把五星（金木水火土）叫作五步。

此部

 **此** cǐ

此，止也。从止，从匕。匕，相比次也。凡此之属皆从此。　雌氏切

【译文】此，止。从止从匕会意。匕是相并列。大凡此的部属都从此。

【注释】相比次：相并列。足相并列，故有停止的意思。次，列。

 **些** xiē

些，语辞也。见《楚辞》。从此，从二。其义未详。　苏个切

【译文】些，语气助词。见《楚辞》。从此从二。其义不详。

正部

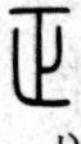 **正** zhèng

正，是也。从止，一以止。凡正之属皆从正。　之盛切

【译文】正，正直无偏斜。从止、一示意，一为贯通天地人之道，以之限止人的言行，就是正。大凡正的部属都从正。

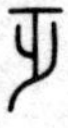 **乏** fá

乏，《春秋传》曰："反正为乏。"　房法切

【译文】乏，《左传》说：把正字反过来就成了乏字。

【注释】《春秋传》：指《左传·宣公十五年》。《段注》："此说字形而义在其中矣。不正则为匮乏，二子相乡背也。"徐灏笺："乏盖本谓凡不正之称，后乃专以贫乏为义。"

是部

 是 shì

是，直也。从日、正。凡是之属皆从是。 承旨切

【译文】是，正直。从日字正字会意。大凡是的部属都从是。

【注释】从日正：《段注》："以日为正（标准）则曰是。从日正会意。天下之物莫正于日也。"

辵部

 辵 chuò

辵，乍行乍止也。从彳，从止。凡辵之属皆从辵。读若《春秋公羊传》曰"辵阶而走"。 丑略切

【译文】辵，忽行忽止。从彳从止会意。大凡辵的部属都从辵。音读像《春秋公羊传》所说的"辵阶而走"的"辵"字。

【注释】乍行乍止：彳与行同意，所以解为乍行乍止。此依形为训。

 迹 jì

迹，步处也。从辵，亦声。 资昔切

【译文】迹，指行步之处。从辵，亦声。

【注释】迹：脚印。《庄子·天运》："夫迹，履之所出，而迹岂履哉？"

 巡 xún

巡，延行貌。从辵，川声。 详遵切

【译文】巡，长行的样子。从辵，川声。

逝 shì

逝，往也。从辵，折声。读若誓。　时制切

【译文】逝，过往。从辵，折声。读音如同“誓”字。

【注释】往：《方言》：“逝、徂、适，往也。逝，秦晋语也。徂，齐语也。适，宋鲁语也。”

述 shù

述，循也。从辵，术声。　食聿切

【译文】述，遵循，遵守。从辵，术声。

【注释】循：朱骏声《通训定声》：“由故道为述，故凡循其旧而申明之亦曰述，经传多以遹为之。”

遵 zūn

遵，循也。从辵，尊声。　将伦切

【译文】遵，遵循。从辵，尊声。

过 guò

过，度也。从辵，咼声。　古禾切

【译文】过，经过。从辵，咼声。

【注释】度：吴善述《广义校订》：“过，本经过之过，故从辵，许训度也。度者过去之谓，故过水曰渡，字亦作度。经典言‘过我门’‘过其门’者，乃过之本义。”

进 jìn

进，登也。从辵，阐省声。　即刃切

【译文】进，前进，向上移动。从辵，阐省门为声。

【注释】进：向前或向上移动。《诗经·大雅·桑柔》：“人亦有言，进退维谷。”

造 zào

造，就也。从辵，告声。谭长说：造，上士也。　七到切

【译文】造，成就。从辵，告声。谭长说：造，是上士。

速 sù

速，疾也。从辵，束声。　桑谷切

【译文】速，迅速。从辵，束声。

迅 xùn

迅，疾也。从辵，卂声。　息进切

【译文】迅，迅速。从辵，卂声。

适 kuò

适，疾也。从辵，昏声。读与括同。　古活切

【译文】适，疾速。从辵，昏声。读音与“括”字同。

逆 nì

逆，迎也。从辵，屰声。关东曰逆，关西曰迎。　宜戟切

【译文】逆，迎接。从辵，屰声。关东方言叫逆，关西方言叫迎。

【注释】逆：迎接。《段注》：“逆迎双声，二字通用。”“今人假以为顺屰之屰，逆行而屰废矣。”

迎 yíng

迎，逢也。从辵，卬声。　语京切

【译文】迎，逢，相遇。从辵，卬声。

遇 yù

遇，逢也。从辵，禺声。　牛具切

【译文】遇，不期而逢。从辵，禺声。

遭 zāo

遭，遇也。从辵，曹声。一曰逦行。 作曹切

【译文】遭，逢遇。从辵，曹声。另一义说：遭就是迤逦绕周而行。

【注释】逦行：《系传》："遭犹匝也。若物匝相值也。"

逢 féng

逢，遇也。从辵，峯省声。 符容切

【译文】逢，遭遇。从辵，峯省山为声。

递 dì

递，更易也。从辵，虒声。 特计切

【译文】递（遞），更易迭代。从辵，虒声。

通 tōng

通，达也。从辵，甬声。 他红切

【译文】通，到达，通达。从辵，甬声。

迁 qiān

迁，登也。从辵，䙴声。 七然切

【译文】迁（遷），向上登移。从辵，䙴声。

【注释】迁：向上移动。《诗经·小雅·伐木》："出自幽谷，迁于乔木。"

运 yùn

运，迻徙也。从辵，军声。 王问切

【译文】运（運），移动、转徙。从辵，军声。

逊 xùn

逊，遁也。从辵，孙声。 苏困切

【译文】逊，逃遁。从辵，孙声。

返 fǎn

返，还也。从辵，从反，反亦声。《商书》曰："祖甲返。" 扶版切

【译文】返，还。从辵从反会意，反也表声。《商书》说："祖甲返。"

还 huán

还，复也。从辵，睘声。 户关切

【译文】还（還），返。从辵，睘声。

选 xuǎn

选，遣也。从辵、巽，巽遣之；巽亦声。一曰选，择也。思沇切

【译文】选（選），遣送。从辵、巽会意。表示恭顺地遣送的意思；巽也表声。另一义说，选是选择的意思。

送 sòng

送，遣也。从辵，倂省。 苏弄切

【译文】送，遣送。从辵、倂省人会意。

遣 qiǎn

遣，纵也。从辵，䇂声。 去衍切

【译文】遣，释放。从辵，䇂声。

迟 chí

迟，徐行也。从辵，犀声。《诗》曰："行道迟迟。" 直尼切

【译文】迟（遲），徐徐而行。从辵，犀声。《诗经》说："行路缓慢。"

逮 dài

逮，唐逮，及也。从辵，隶声。 徒耐切

【译文】逮，唐逮，是及的意思。从辵，隶声。

逗 dòu

逗，止也。从辵，豆声。 田候切

【译文】逗，留止。从辵，豆声。

避 bì

避，回也。从辵，辟声。 毗义切

【译文】避，回避。从辵，辟声。

违 wéi

违，离也。从辵，韦声。 羽非切

【译文】违，离别。从辵，韦声。

达 dá

达，行不相遇也。从辵，羍声。《诗》曰：“挑兮达兮。” 徒葛切

【译文】达（達），行路不相遇。从辵，羍声。《诗经》说：“挑兮达兮。”

迷 mí

迷，或也。从辵，米声。 莫兮切

【译文】迷，迷惑。从辵，米声。

【注释】或：通“惑”。

连 lián

连，员连也。从辵，从车。 力延切

【译文】连（連），员连，即辇。从辵从车会意。

【注释】员连：朱骏声曰“员连，叠韵连语”，“陈编散落，古义无征，宜从盖阙。”《段注》作“负车”，“连即古文辇也。”“负车者人挽车而行，车在后如负也。字从辵车会意……人与车相属不绝，故引申为连属字。”

遗 yí

遗，亾（亡）也。从辵，贵声。　以追切

【译文】遗，遗忘走失。从辵，贵声。

遂 suì

遂，亾也。从辵，㒸声。　徐醉切

【译文】遂，逃亡。从辵，㒸声。

【注释】遂：逃亡。引申为丧失。《墨子·法仪》：“其贼人多，故天祸之，使遂失国家。”

逃 táo

逃，亾也。从辵，兆声。　徒刀切

【译文】逃，逃亡。从辵，兆声。

追 zhuī

追，逐也。从辵𠂤声。　陟隹切

【译文】追，追赶。从辵𠂤（duī）声。

逐 zhú

逐，追也。从辵，从豚省。　直六切

【译文】逐，追逐。从辵，从豚省肉会意。

近 jìn

近，附也。从辵，斤声。　渠遴切

【译文】近，附近。从辵，斤声。

迫 pò

迫，近也。从辵，白声。　博陌切

【译文】迫，靠近。从辵，白声。

遏 è

遏，微止也。从辵，曷声。读若桑虫之蝎。　乌割切

【译文】遏，障蔽遮止。从辵，曷声。音读像桑中之虫的“蝎”字。

【注释】微止：《国语·晋语》韦昭注：微，蔽也。微止，谓遮而止之。

逞 chěng

逞，通也。从辵，呈声。楚谓疾行为逞。《春秋传》曰：“何所不逞欲。”　丑郢切

【译文】逞，通达。从辵，呈声。楚地称快走为逞。《春秋左氏传》说：“什么地方不能使（您的）欲望得到快慰呢？”

【注释】逞欲：杜预注：“逞，快也。”

辽 liáo

辽，远也。从辵，尞声。　洛萧切

【译文】辽（遼），遥远。从辵，尞声。

远 yuǎn

远，辽也。从辵，袁声。　云阮切

【译文】远（遠），遥远。从辵，袁声。

迂 yū

迂，避也。从辵，于声。　忆俱切

【译文】迂，迂曲回避。从辵，于声。

 道 dào

道，所行道也。从辵，从𩠐。一达谓之道。 徒皓切

【译文】 道，人们行走的道路。从辵从𩠐会意。完全通达无歧叫作道。

彳部

 彳 chì

彳，小步也。象人胫三属相连也。凡彳之属皆从彳。 丑亦切

【译文】 彳，微小的步伐。象人的下肢大腿、小腿、脚三者相连之形。大凡彳的部属都从彳。

 德 dé

德，升也。从彳，悳声。 多则切

【译文】 德，登升。从彳，悳声。

 径 jìng

径，步道也。从彳，巠声。 居正切

【译文】 径，步行的小路。从彳，巠声。

【注释】 步道：《段注》："步道谓人及牛马可步行而不容车也。"

 复 fù

复，往来也。从彳，复声。 房六切

【译文】 复（復），往而复来。从彳，复声。

【注释】 往来：往而复来，是返回的意思。

 往 wǎng

往，之也。从彳，㞷声。 于两切

【译文】 往，出发。从彳，㞷声。

 彼 bǐ

彼，往，有所加也。从彳，皮声。　补委切

【译文】彼，往，有所增益。从彳，皮声。

 循 xún

循，行顺也。从彳，盾声。　详遵切

【译文】循，顺着次序行走。从彳，盾声。

 微 wēi

微，隐行也。从彳，散声。《春秋传》曰：“白公其徒微之。”　无非切

【译文】微，隐蔽地出行。从彳，散声。《春秋左氏传》说，“白公的徒众把他的尸体隐匿在山上。”

 徐 xú

徐，安行也。从彳，余声。　似鱼切

【译文】徐，安舒地行走。从彳，余声。

 待 dài

待，竢也。从彳，寺声。　徒在切

【译文】待，等待。从彳，寺声。

【注释】待：等待。《周易·系辞下》：“君子藏器于身，待时而动。”竢（sì）：本书立部：“竢，待也。”《段注》：“今人易其语曰（等）。”

 很 hěn

很，不听从也。一曰行难也。一曰盭也。从彳，皀声。胡恳切

【译文】很，不听从。另一义是行走艰难。又一义是违逆乖戾。从彳，皀声。

得 dé

得，行有所得也。从彳，㝵声。 多则切

【译文】得，行走而有所得。从彳，㝵声。

【注释】得：获得。《孟子·公孙丑下》：“得道者多助，失道者寡助。”

律 lù

律，均布也。从彳，聿声。 吕戌切

【译文】律，普遍实施的标准、规范。从彳，聿声。

御 yù

御，使马也。从彳，从卸。 牛据切

【译文】御，驱使车马。从彳从卸会意。

【注释】从彳，从卸：徐锴《段注》：“卸，解车马也。彳，行也。或行或卸，皆御马者之职也。”

廴部

廴 yǐn

廴，长行也。从彳引之。凡廴之属皆从廴。 余忍切

【译文】廴，长远地行走。从彳字引长末笔构成。大凡廴的部属都从廴。

廷 tíng

廷，朝中也。从廴，壬声。 特丁切

【译文】廷，朝廷。从廴，壬声。

建 jiàn

建，立朝律也。从聿，从廴。 居万切

【译文】建，建立朝廷法律。从聿从廴会意。

㢟部

㢟 yán

㢟，长行也。从廴，丿声。　以然切

【译文】㢟，走长路。从廴，丿声。

行部

行 xíng

行，人之步趋也。从彳，从亍。凡行之属皆从行。　户庚切

【译文】行，人的各式行走。从彳从亍。大凡行的部属都从行。

【注释】步趋：《段注》："步，行也。趋，走也。二者一徐一疾，皆谓之行，统言之也。"

街 jiē

街，四通道也。从行，圭声。　古膎切

【译文】街，四通八达的道路。从行，圭声。

【注释】街：引申为通道。《素问·水热穴论》："此肾之街也"

衙 yú

衙，行皃。从行，吾声。　鱼举切 又音牙

【译文】衙，（列队）行进的样子。从行，吾声。

齿部

齿 chǐ

齿，口断骨也。象口齿之形，止声。凡齿之属皆从齿。　昌里切

【译文】齿，口中的牙齿。象口中牙齿的形状，止声。大凡齿的部属都从齿。

 龄 líng

龄，年也。从齿，令声。 郎丁切

【译文】龄，年龄。从齿，令声。

牙部

 牙 yá

牙，牡齿也。象上下相错之形。凡牙之属皆从牙。 五加切

【译文】牙，大齿，臼齿。象上下齿互相交错的样子。大凡牙的部属都从牙。

足部

 足 zú

足，人之足也。在下。从止、口。凡足之属皆从足。 即玉切

【译文】足，人体下肢的总称。在人体的下部，从止、口会意。大凡足的部属皆从足。

 跟 gēn

跟，足踵也。从足，艮声。 古痕切

【译文】跟，脚后跟。从足，艮声。

【注释】踵：《释名·释形体》："足后曰跟，在下方着地，一体任之，象木头也。又谓之踵。"

 跪 guì

跪，拜也。从足，危声。 去委切

【译文】跪，（两膝着地，准备）拜倒的一种姿势。从足，危声。

【注释】拜：朱骏声《通训定声》："两膝拄地，所以拜也，不拜曰跽。"

踊 yǒng

踊，跳也。从足，甬声。 余陇切

【译文】踊，跳跃。从足，甬声。

跃 yuè

跃，迅也。从足，翟声。 以灼切

【译文】跃，迅疾。从足，翟声。

跨 kuà

跨，渡也。从足，夸声。 苦化切

【译文】跨，越过。从足，夸声。

【注释】跨：《段注》："谓大（拉大）其两股间（两腿的距离），以有所越也。"

蹋 tà

蹋，践也。从足，𦐇声。 徒盍切

【译文】蹋，践踏。从足，𦐇声。

蹈 dǎo

蹈，践也。从足，舀声。 徒到切

【译文】蹈，践踏。从足，舀声。

践 jiàn

践，履也。从足，戋声。 慈衍切

【译文】践，踩踏。从足，戋声。

跳 tiào

跳，蹶也。从足，兆声。一曰跃也。 徒辽切

【译文】跳，跳起。从足，兆声。另一义是跃过。

跋 bá

跋，蹎跋也。从足，发声。　北末切

【译文】跋，蹎跋。从足，发声。

【注释】蹎跋：跌倒。

跌 diē

跌，踢也。从足，失声。一曰越也。　徒结切

【译文】跌，跌踢，失足摔倒。从足，失声。另一义说，跌是过度。

蹲 dūn

蹲，踞也。从足，尊声。　徂尊切

【译文】蹲，坐。从足，尊声。

跛 bǒ

跛，行不正也。从足，皮声。一曰足排之。读若彼。　布火切

【译文】跛，行步偏跛不正。从足，皮声。另一义说，跛是单足使物体移动。读音如“彼”字，即bì。

距 jù

距，鸡距也。从足，巨声。　其吕切

【译文】距，鸡腿后面突出像脚趾的部分。从足，巨声。

【注释】鸡距：《汉书·五行志》：“不鸣不将无距。”

路 lù

路，道也。从足，从各。　洛故切

【译文】路，道路。从足，从各。

疋部

疋 shū

疋，足也。上象腓肠，下从止。《弟子职》曰："问疋何止。"古文以为《诗·大疋》字。亦以为足字。或曰胥字。一曰疋，记也。凡疋之属皆从疋。　所菹切

【译文】疋，足。上部象小腿肚，下面从止。《管子》的《弟子职》说："问足放在何处。"古文把它用作《诗经·大雅》的雅字。也用它作足字。另一义说，疋是胥吏的胥字。又一义说，疋是疏记。大凡疋的部属都从疋。

品部

品 pǐn

品，众庶也。从三口。凡品之属皆从品。　丕饮切

【译文】品，众多。从三个口字会意。大凡品的部属都从品。

【注释】众庶：同义复合。　从三口：《段注》："人三为众，故从三口会意。"

龠部

龠 yuè

龠，乐之竹管，三孔，以和众声也。从品、侖。侖，理也。凡龠之属皆从龠。　以灼切

【译文】龠，乐器中编竹而成的管乐，多孔，是用来调谐众乐之声的主乐器。从品、侖会意。侖为理，意思是调和众声使有伦理。大凡龠的部属都从龠。

龢 hé

龢，调也。从龠，禾声。读与和同。　户戈切

【译文】龢，音乐和谐。从龠，禾声。读音与“和”同。

【注释】调：沈涛《古本考》：“《一切经音义》卷六引作‘音乐和调也’。”

册部

册 cè

册，符命也。诸侯进受于王也。象其札一长一短，中有二编之形。凡册之属皆从册。　楚革切

【译文】册，符信策书。诸侯进朝接受于王者的简策。象简札一长一短的样子，中间表示有两道串连竹简的绳子。大凡册的部属都从册。

【注释】符命：徐灏《段注笺》：“凡简书皆谓之册，不独诸侯进受于王也。此举其大者而言。符、册亦二事也。”

扁 biǎn

扁，署也。从户、册。户册者，署门户之文也。　方沔切

【译文】扁，题署。从户、册会意。户册表示题写在门户牌匾上的文字。

㗊部

嚣 xiāo

嚣，声也。气出头上。从㗊，从页。页，首也。　许娇切

【译文】嚣，众口喧哗之声，表示气出头上。从㗊从页会意。页，表示头。

器 qì

器，皿也。象器之口，犬所以守之。　去冀切

【译文】器，器皿。象器皿的口，犬是用来守卫器皿的。

【注释】皿：本是食器，此谓器具。

舌部

舌 shé

舌，在口，所以言也、别味也。从干，从口，干亦声。凡舌之属皆从舌。　食列切

【译文】舌，在口中，是用来说话和辨别滋味的器官。从干从口会意，干也表声。大凡舌的部属都从舌。

干部

干 gān

干，犯也。从反入，从一。凡干之属皆从干。　古寒切

【译文】干，侵犯。从反入字，从一字会意。大凡干的部属都从干。

只部

只 zhǐ

只，语已词也。从口，象气下引之形。凡只之属皆从只。诸氏切

【译文】只，句尾语气词，偶尔也用于句中。从口，象气下行的形状。大凡只的部属都从只。

㕯部

商 shāng

商，从外知内也。从㕯，章省声。　式阳切

【译文】商，从外面估测里面的情况。从㕯，章省声。

【注释】从外知内：王筠《句读》："谓由外以测其内也。"章省声：是说小篆商的上部都小篆章的省略。

句部

句 gōu又读jù

句，曲也。从口，丩声。凡句之属皆从句。　古侯切。又九遇切

【译文】句，弯曲。从口，丩声。大凡句的部属都从句。

拘 jū

拘，止也。从句，从手，句亦声。　举朱切

【译文】拘，用手制止。从句从手会意，句也表声。

钩 gōu

钩，曲也。从金，从句，句亦声。　古侯切

【译文】钩，金属曲钩。从金从句会意，句也表声。

丩部

丩 jiū

丩，相纠缭也。一曰瓜瓠结丩起。象形。凡丩之属皆从丩。　居虬切

【译文】丩，相互纠缠。另一义说：丩是瓜瓠的藤，缘物缠结而升起。象纠合之形。大凡丩的部属都从丩。

纠 jiū

纠，绳三合也。从纟、丩。　居黝切

【译文】纠，绳多股绞合在一起。从纟、丩会意。

古部

古 gǔ

古，故也。从十、口。识前言者也。凡古之属皆从古。　公户切

【译文】古，久远的年代。从十、口会意，表示众口相传，识记前代的言语和故事。大凡古的部属都从古。

十部

 十 shí

十，数之具也。一为东西，丨为南北，则四方中央备矣。凡十之属皆从十。　是执切

【译文】十，十进制数字完备的标志。一表示东西，丨表示南北，（一丨相交为十，）那么，东西南北和中央都完备了。大凡十的部属都从十。

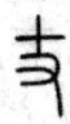 丈 zhàng

丈，十尺也。从又持十。　直两切

【译文】丈，十尺。由手拿着十来表示。

 千 qiān

千，十百也。从十，从人。　此先切

【译文】千，十个百。从十从人会意。

【注释】千：孔广居《疑疑》："从一，人声。十百千皆数之成，故皆从一。"

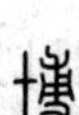 博 bó

博，大，通也。从十，从尃。尃，布也。　补各切

【译文】博，广大，精通。从十从尃会意。尃是分布的意思。

【注释】大，通也：《玉篇》："博，广也，通也。"

卅部

 卅 sà

卅，三十并也。古文省。凡卅之属皆从卅。　苏沓切

【译文】卅，由三个十合并而成，是孔壁古文，是三十的省略形式。大凡卅的部属都从卅。

世 shì

世，三十年为一世。从卅而曳长之。亦取其声也。　舒制切

【译文】世，三十年叫一世。由“卅”字延长它的末笔而成。也取延长的末笔乀（yí）字的声。

言部

言 yán

言，直言曰言，论难曰语。从口辛声。凡言之属皆从言。语轩切

【译文】言，直接讲说叫言，议论辩驳叫语。从口辛声。凡是言的部属都从言。

语 yǔ

语，论也。从言，吾声。　鱼举切

【译文】语，辩论。从言，吾声。

谈 tán

谈，语也。从言，炎声。　徒甘切

【译文】谈，对话，谈论。从言，炎声。

谓 wèi

谓，报也。从言，胃声。　于贵切

【译文】谓，评论。从言，胃声

请 qǐng

请，谒也。从言，青声。　七井切

【译文】请，谒见。从言，青声。

谒 yè

谒，白也。从言，曷声。 于歇切

【译文】谒，禀告。从言，曷声。

许 xǔ

许，听也。从言，午声。 虚吕切

【译文】许，听从其言。从言，午声。

【注释】听，引申为凡顺从之称。

诸 zhū

诸，辩也。从言，者声。 章鱼切

【译文】诸，表示区别的虚词。从言，者声。

诗 shī

诗，志也。从言，寺声。 书之切

【译文】诗，用语言表达心志的一种文学体裁。从言，寺声。

【注释】志：《毛诗序》："诗者，志之所之也。在心为志，发言为诗。"按此同声为训。

讽 fěng

讽，诵也。从言，风声。 芳奉切

【译文】讽，朗读，背诵。从言，风声。

诵 sòng

诵，讽也。从言，甬声。 似用切

【译文】诵，朗诵。从言，甬声。

【注释】诵：桂馥《义证》引阎若璩说："诵之者，抑扬高下其声，而后可以得其人之性情与其贞淫、邪正、忧乐之不同。"

读 dú

读，诵书也。从言，卖声。 徒谷切

【译文】读，朗诵而又思索着。从言，卖声。

训 xùn

训，说教也。从言，川声。　许运切

【译文】训，解说式地教导。从言，川声。

诲 huì

诲，晓教也。从言，每声。　荒内切

【译文】诲，明白地教导。从言，每声。

譬 pì

譬，谕也。从言，辟声。　匹至切

【译文】譬，告谕。从言，辟声。

【注释】谕：告。以谕训譬，统言之；析言之，则用别的事物来比方叫譬。《墨子·小取》：“辟（譬）也者，举他物而以明之也。”

谆 zhūn

谆，告晓之孰也。从言，𦎧声。读若庉。　章伦切

【译文】谆，教诲不倦。从言，𦎧声。音读像“庉”字。

【注释】告晓之孰：即孰告晓。孰，仔细、周详。

谋 móu

谋，虑难曰谋。从言，某声。　莫浮切

【译文】谋，考虑事情的难易叫谋。从言，某声。

【注释】难：指事之难易。

访 fǎng

访，泛谋曰访。从言，方声。　敷亮切

【译文】访，广泛地征求意见叫访。从言，方声。

論 论 lùn

论，议也。从言，仑声。 卢昆切

【译文】论（論），分析议论。从言，仑声。

議 议 yì

议，语也。从言，义声。 宜寄切

【译文】议，谈论。从言，义声。

【注释】义声：《中庸》："义者宜也。"声中有义。

訂 订 dìng

订，平议也。从言，丁声。 他顶切

【译文】订，评议。从言，丁声。

詳 详 xiáng

详，审议也。从言，羊声。 似羊切

【译文】详，详细审议。从言，羊声。

【注释】审：详密。议：审议。

識 识 shí

识，常也。一曰知也。从言，戠声。 赏职切

【译文】识（識），旗帜。另一义说：识是知道。从言，戠声。

訊 讯 xùn

讯，问也。从言，卂声。 思晋切

【译文】讯，询问。从言，卂声。

謹 谨 jǐn

谨，慎也。从言，堇声。 居隐切

【译文】谨，慎重。从言，堇声。

𧦝 信 xìn

信，诚也。从人，从言。会意。 息晋切

【译文】信，诚实。从人从言会意。

【注释】信：真实可信。

誠 诚 chéng

诚，信也。从言，成声。 氏征切

【译文】诚，信实不欺。从言，成声。

誡 诫 jiè

诫，敕也。从言，戒声。 古拜切

【译文】诫，告诫。从言，戒声。

諱 讳 huì

讳，誋也。从言，韦声。 许贵切

【译文】讳，避忌。从言，韦声。

【注释】誋：王筠《句读》："誋当作忌。"忌，憎恶。

誓 誓 shì

誓，约束也。从言，折声。 时制切

【译文】誓，约束的言辞。从言，折声。

証 证 zhèng

证，谏也。从言，正声。 之盛切

【译文】证，直言劝谏。从言，正声。

【注释】正声：徐灏《段注笺》："证者正也"，声中有义。

試 试 shì

试，用也。从言，式声。《虞书》曰："明试以功。" 式吏切

说文解字

【**译文**】试，使用。从言，式声。《尚书》的《虞书·尧典》说：“明确地用办事来试用他们。”

 说 shuō 又读 yuè

说，释也。从言、兑。一曰谈说。　失爇切。又弋雪切

【**译文**】说（yuè），喜悦。从言从兑会意。另一义说：说（shuō）是谈说的意思。

 计 jì

计，会也。算也。从言，从十。　古诣切

【**译文**】计，总计，计算。从言从十会意。

 谐 xié

谐，詥也。从言，皆声。　户皆切

【**译文**】谐，和谐。从言，皆声。

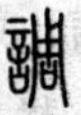 调 tiáo

调，和也。从言，周声。　徒辽切

【**译文**】调，协调，和谐，合适。从言，周声。

 警 jǐng

警，戒也。从言，从敬，敬亦声。　居影切

【**译文**】警，告诫。从言从敬会意，敬也表声。

 谦 qiān

谦，敬也。从言，兼声。　苦兼切

【**译文**】谦，恭敬别人。从言，兼声。

 设 shè

设，施陈也。从言，从殳。殳，使人也。　识列切

【**译文**】设，布列陈设。从言从殳会意。殳，是可运旋之物，引伸有使人之意。

护 hù

护，救、视也。从言，蒦声。　胡故切

【译文】护（護），救护、监视。从言，蒦声。

记 jì

记，疏也。从言，己声。　居吏切

【译文】记，记载。从言，己声。

誉 yù

誉，称也。从言，與声。　羊茹切

【译文】誉，称赞。从言，與声。

谢 xiè

谢，辞去也。从言，躲声。　辞夜切

【译文】谢，辞去，离开。从言，躲声。

【注释】谢：《玉篇》："谢，辞也，去也。"《段注》："辞不受也……引申为凡去之称。又为衰退之称。"

咏 yǒng

咏，歌也。从言，永声。　为命切

【译文】咏（詠），长声歌咏。从言，永声。

【注释】永声：声中有义。永，长也。

谚 yàn

谚，传言也。从言，彦声。　鱼变切

【译文】谚，世俗流传的古语。从言，彦声。

讶 yà

讶，相迎也。从言，牙声。《周礼》曰："诸侯有卿讶发。"　吾驾切

【译文】讶，用言辞欢迎宾客。从言，牙声。《周礼》说："宾客是诸侯，就有朝廷之卿来迎接。"

讲 jiǎng

讲，和解也。从言，冓声。 古项切

【译文】讲，和解。从言，冓声。

谤 bàng

谤，毁也。从言，旁声。 补浪切

【译文】谤，毁谤。从言，旁声。

诅 zǔ

诅，詶也。从言，且声。 庄助切

【译文】诅，诅咒。从言，且声。

【注释】诅：引申为赌咒立誓、咒骂。

误 wù

误，谬也。从言，吴声。 五故切

【译文】误，谬误。从言，吴声。

谬 miù

谬，狂者之妄言也。从言，翏声。 靡幼切

【译文】谬，狂妄的人的荒诞的话。从言，翏声。

诈 zhà

诈，欺也。从言，乍声。 侧驾切

【译文】诈，欺骗。从言，乍声。

诉 sù

诉，告也。从言，斥省声。《论语》曰："诉子路于季孙。"桑故切

【译文】诉，告诉。从言，斥省声。《论语》说："向季孙诬告子路。"

谴 qiǎn

谴，谪问也。从言，遣声。　去战切

【译文】谴，责问。从言，遣声。

誩部

竞 jìng

竞，强语也。一曰逐也。从誩，从二人。　渠庆切

【译文】竞（競），激烈地争辩。另一义说，竞是角逐的意思。从誩，从二人会意。

【注释】从誩：谓二人言语相竞。

音部

音 yīn

音，声也。生于心，有节于外，谓之音。宫商角徵羽，声；丝竹金石匏土革木，音也。从言含一。凡音之属皆从音。于今切

【译文】音，言语的声音。从心底产生，受口腔控制的称为音。宫商角徵羽，单独发出的是乐声；用丝竹金石匏土革木等乐器演奏出的，是音乐。从言含一表示。大凡音的部属都从音。

响 xiǎng

响，声也。从音，鄉声。　许两切

【译文】响（響），回声。从音，鄉声。

章 zhāng

章，乐竟为一章。从音，从十。十，数之终也。　诸良切

【译文】章，音乐一曲完了叫一章。从音从十会意。十，是十进制数的末尾数。

 竟 jìng

竟，乐曲尽为竟。从音，从人。 居庆切

【译文】竟，乐曲终止叫竟。从音从人会意。

辛部

 童 tóng

童，男有辠曰奴，奴曰童，女曰妾。从辛，重省声。 徒红切

【译文】童，男人有罪成为奴，奴叫作童，女人有罪称为妾。从辛，重省声。

 妾 qiè

妾，有辠女子，给事之得接于君者。从辛，从女。《春秋传》云："女为人妾。"妾，不娉也。 七接切

【译文】妾，有罪的女人，是能够被君主接触并为君主供职的女人。从辛从女。《春秋左氏传》中说："如果是女的，将成为别人的侍妾。"妾，是不必正式娉娶的。

【注释】给事：供职。娉：问名。古代婚礼"六礼"之一，即男方请媒人问女方名字和出生年月。

丵部

 丵 zhuó

丵，丛生艸（草）也。象丵岳相并出也。凡丵之属皆从丵。读若浞。 士角切

【译文】丵，丛生的草。象争高竞长两相并出的样子。大凡

丵的部属都从丵。读音如“浞”。

【注释】丵岳：王筠《句读》：“丵岳，叠韵。盖争高竞长之状。”

丛 cóng

丛，聚也。从丵，取声。 徂红切

【译文】丛（叢），草木聚集。从丵，取声。

对 duì

对，应无方也。从丵，从口，从寸。 都对切 对或从士。汉文帝以为责对而为言多非诚对，故去其口，以从士也。

【译文】对（對），回答不拘泥方法。从丵从口从寸会意。对或从士。汉文帝认为见责问而回答，说起话来多半是不诚实的，所以去掉口字而改从士字。

菐部

仆 pú

仆，给事者。从人，从菐，菐亦声。 蒲沃切

【译文】仆（僕），供役使的人。从人从菐会意，菐也表声。

【注释】从人：从菐，《段注》：“人之供烦辱者也。”

収部

奉 fèng

奉，承也。从手，从廾，丯声。 扶陇切

【译文】奉，承受。从手从廾，丯声。

【注释】奉：本义为两手捧。

弄 nòng

弄，玩也。从廾持玉。 卢贡切

【译文】弄，玩弄。从廾握持着玉会意。

戒 jiè

戒，警也。从廾持戈，以戒不虞。　居拜切

【译文】戒，警戒。从双手握持着戈，来表示警戒不能预料之事。

【注释】虞：预料。

兵 bīng

兵，械也。从廾持斤，并力之皃（貌）。　补明切

【译文】兵，兵器。从廾双手持握着斤（斧子）会意，表示齐心协力的样子。

具 jù

具，共置也。从廾，从贝省。古以贝为货。　其遇切

【译文】具，准备，备办。从廾，从贝省会意。古时候用贝壳作为钱财。

【注释】共：《段注》："共、供，古今字。当从人部作'供'。"

𠬜部

樊 fán

樊，鸷不行也。从𠬜从棥，棥亦声。　附袁切

【译文】樊，被絷绊而不得行。从𠬜从棥会意，棥也表声。

共部

共 gòng

共，同也。从廿、廾。凡共之属皆从共。　渠用切

【译文】共，共同。从廿、廾。大凡共的部属都从共。

异部

 **异** yì

异，分也。从廾，从畀。畀，予也。凡异之属皆从异。羊吏切

【译文】异，分开。从廾从畀会意。畀是给予的意思。大凡异的部属都从异。

 **戴** dài

戴，分物得增益曰戴。从异，𢦏声。　都代切

【译文】戴，分物得到增益叫戴。从异，𢦏声。

舁部

 **与** yǔ

与，党与也。从舁，从与。　余吕切

【译文】与，党与朋党。从舁从与会意。

【注释】党与：朋群。

 **兴** xīng

兴，起也。从舁，从同。同力也。　虚陵切

【译文】兴，兴起。从舁从同会意。同是同心协力的意思。

爨部

 **衅** xìn

衅，血祭也。象祭灶也。从爨省，从酉。酉，所以祭也。从分，分亦声。　虚振切

【译文】衅（釁），血祭。象征用血祭灶。从爨省，从酉

从分。酉是用来祭奠的酒。分，表示拿血布散涂抹。分也表示读音。

革部

 革 gé

革，兽皮治去其毛，革更之。象古文革之形。凡革之属皆从革。　古核切

【译文】革，兽皮除去它的毛，改变它的样子。象古文革的样子。大凡革的部属都从革。

【注释】革更：同义复合。

 勒 lè

勒，马头络衔也。从革，力声。　卢则切

【译文】勒，马头上用以系着马嚼子的皮革。从革，力声。

 鞭 biān

鞭，驱也。从革，便声。　卑连切

【译文】鞭，用鞭驱赶马。从革，便声。

【注释】鞭：鞭子。《尚书·舜典》："鞭作官刑。"孔安国传："以鞭为治官事之刑。"

鬲部

 鬲 lì

鬲，鼎属。实五觳。斗二升曰觳。象腹交文，三足。凡鬲之属皆从鬲。　郎激切

【译文】鬲，鼎类的空足炊具。容积有五斛大。一斗二升为一斛。中间象其腹部交错的纹饰，下面象其三只脚。大凡鬲的部属都从鬲。

融 róng

融，炊气上出也。从鬲，虫省声。　以戎切

【译文】融，煮食物的蒸汽向上冒出。从鬲，虫省声。

爪部

爪 zhǎo

爪，丮也。覆手曰爪。象形。凡爪之属皆从爪。　侧狡切

【译文】爪，即抓，掐。象覆手之形，象形字。大凡爪的部属都从爪。

为 wéi

为，母猴也。其为禽好爪。爪，母猴象也。下腹为母猴形。王育曰："爪，象形也。"　薳支切

【译文】为，猕猴。猕猴作为走兽，喜欢用爪子抓搔。爪子是猕猴的象征。字的下腹部就是猕猴头目身足的形体。王育说："爪子，象猕猴之形。"

斗部

斗 dòu

斗，两士相对，兵杖在后，象斗之形。凡斗之属皆从斗。都豆切

【译文】斗（鬥），两个士卒的手相对，兵器在后，象争斗的样子。大凡斗的部属都从斗。

又部

又 yòu

又，手也。象形。三指者，手之列多略不过三也。凡又之

属皆从又。　于救切

【译文】又，手。象形。字形只见三个指头的原因是，表示手的一类字多是简略不过三个。大凡又的部属都从又。

 **右** yòu

右，手口相助也。从又，从口。　于救切

【译文】右，手和口相互佐助。从又从口会意。

 **叉** chā

叉，手指相错也。从又，象叉之形。　初牙切

【译文】叉，手指相交错。从又，象手指叉物的形状。

 **父** fù

父，矩也，家长，率教者。从又举杖。　扶雨切

【译文】父，坚持规矩，是一家之长，是引导教育子女的人。由手举杖表意。

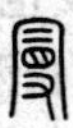 **曼** màn

曼，引也。从又，冒声。　无贩切

【译文】曼，引长。从又，冒声。

 **及** jí

及，逮也。从又，从人。　巨立切

【译文】及，追上。从又从人会意。

 **秉** bǐng

秉，禾束也。从又持禾。　兵永切

【译文】秉，一把禾。由手持握着禾表意。

【注释】秉：一小把禾束。

反 fǎn

反，覆也。从又，厂反形。 府远切

【译文】反，翻覆。从又，厂象物体翻覆的样子。

叔 shū

叔，拾也。从又，尗声。汝南名收芋为叔。 式竹切

【译文】叔，拾取。从又，尗声。汝南地方称收芋头为叔。

取 qǔ

取，捕取也。从又，从耳。《周礼》："获者取左耳。"《司马法》曰："载献聝。"聝者，耳也。 七庾切

【译文】取，捕获。从又从耳会意。《周礼》说："被捕获的野兽割取左耳。"《司马法》曰："献上聝。"聝（guó）是敌人的左耳。

友 yǒu

友，同志为友。从二又。相交友也。 云久切

【译文】友，志趣相同的是友。由两个又字会意，表示相交为友的意思。

𠂇部

卑 bēi

卑，贱也，执事也。从𠂇、甲。 补移切

【译文】卑，指身份和地位低下，亦指执事的仆役。从𠂇、甲会意。

史部

史 shǐ

史，记事者也。从又持中。中，正也。凡史之属皆从史。

疏士切

【译文】史，记事的人。由“又”（手）持握着“中”字会意。中，是正的意思。大凡史的部属都从史。

支部

 **支** zhī

支，去竹之枝也。从手持半竹。凡支之属皆从支。　章移切

【译文】支，离开竹茎的竹枝。由“又”（手）字持握着半个“竹”字。大凡支的部属都从支。

聿部

 **肃** sù

肃，持事振敬也。从聿在𣶒上，战战兢兢也。　息逐切

【译文】肃，办事奋勉恭敬。从“聿”在“𣶒”上会意，表示战战兢兢之意。

【注释】振：奋勉。

聿部

 **聿** yù

聿，所以书也。楚谓之聿，吴谓之不律，燕谓之弗。从聿，一声。凡聿之属皆从聿。　余律切

【译文】聿，用来书写的笔。楚地叫作“聿”，吴地叫作“不律”，燕地叫作“弗”。从聿，一声。大凡聿的部属都从聿。

画部

 画 huà

画，界也。象田四界。聿，所以画之。凡画之属皆从画。胡麦切

【译文】画（畫），画分界限。画象田和四周的界画。聿，是用来划分界限的器具。大凡画的部属都从画。

 昼 zhòu

昼，日之出入，与夜为界。从画省，从日。 陟救切

【译文】昼（晝），从日出到日落的一段时间，与夜晚相接且相区别。从画省田从日会意。

隶部

 隶 lì

隶，附箸也。从隶，柰声。 郎计切

【译文】隶（隸），古代的奴隶。从隶，柰声。

臤部

 紧 jǐn

紧，缠丝急也。从臤，从丝省。 纠忍切

【译文】紧，缠丝紧固的状态。从臤，从“丝”省去一半会意。

 坚 jiān

坚，刚也。从臤，从土。 古贤切

【译文】坚，坚硬。从臤从土会意。

臣部

 **臣** chén

臣，牵也，事君也。象屈服之形。凡臣之属皆从臣。　植邻切

【译文】臣，受牵制者，奉事君王者。象屈服的样子。大凡臣的部属都从臣。

 **臧** zāng

臧，善也。从臣，戕声。　则郎切

【译文】臧，善良。从臣，戕声。

殳部

 **殳** shū

殳，以杸殊人也。《礼》：“殳以积竹，八觚，长丈二尺，建于兵车，车旅贲以先驱。”从又，几声。凡殳之属皆从殳。　市朱切

【译文】殳，用杸隔离人。《周礼》说：“殳用多根细竹制成，八条棱，长一丈二尺，竖立在兵车上，车上的先锋队拿着它在前面驰驱。”从又，几声。大凡殳的部属都从殳。

 **殴** ōu

殴，捶毄物也。从殳，区声。　乌后切

【译文】殴，用锤杖击打物体。从殳，区声。

 **殿** diàn

殿，击声也。从殳，屍声。　堂练切

【译文】殿，击打声。从殳，屍声。

段 duàn

段，椎物也。从殳，耑省声。 徒玩切

【译文】段，用椎锤击打物体。从殳，耑省声。

【注释】椎物：徐灏《段注笺》："段、锻，古今字。段、碫，亦古今字。引申之则为分段。"

毅 yì

毅，妄怒也。一曰有决也。从殳，豙声。 鱼既切

【译文】毅，盛怒。另一义说，有果决能力。从殳，豙声。

役 yì

役，戍边也。从殳，从彳。 营只切

【译文】役，戍守边疆。从殳从彳会意。

杀部

杀 shā

杀，戮也。从殳，杀声。凡杀之属皆从杀。 所八切

【译文】杀，杀戮。从殳，杀声。大凡杀的部属都从杀。

【注释】杀声：《段注》：引张参说："杀，古殺字。"

寸部

寸 cùn

寸，十分也。人手却一寸，动𧖴，谓之寸口。从又，从一。凡寸之属皆从寸。 仓困切

【译文】寸，十分。人手后退一寸，即动脉处，叫作寸口。从又从一会意。大凡寸的部属都从寸。

寺 sì

寺，廷也，有法度者也。从寸，之声。　祥吏切

【译文】寺，官署名，有法度的地方。从寸，之声。

将 jiàng

将，帅也。从寸，牆省声。　即谅切

【译文】将，将帅。从寸，牆省酉为声。

【注释】从寸：《段注》：“必有法度而后可以主之、先之，故从寸。”

专 zhuān

专，六寸簿也。从寸，叀声。一曰专，纺专。　职缘切

【译文】专（專），六寸簿。从寸，叀声。另一义说，专，纺砖。

【注释】六寸簿：张舜徽《约注》：“《始皇本纪》明云：‘数以六为纪，符、法、冠皆六寸。’然则所谓六寸簿者，乃秦法之所在，犹云法经耳。小徐以文簿释簿，是矣。”

导 dǎo

导，引也。从寸，道声。　徒皓切

【译文】导（導），引导。从寸，道声。

皮部

皮 pí

皮，剥取兽革者谓之皮。从又，为省声。凡皮之属皆从皮。　符羁切

【译文】皮，剥取兽皮叫作皮。从又，为省声。大凡皮的部属都从皮。

攴部

攴 pū

攴，小击也。从又，卜声。凡攴之属皆从攴。　普木切

【译文】攴，小击，击打。从又，卜声。大凡攴的部属都从攴。

【注释】攴：徐灏《段注笺》："疑本象手有所持之形。故凡举手作事之意，皆从之，因用为扑击字耳。"

启 qǐ

启，教也。从攴，启声。《论语》曰："不愤不启。"　康礼切

【译文】启（啟），教导。从攴，启声。《论语》说："不到他求通而未得的时候，不去开导他。"

彻 chè

彻，通也。从彳，从攴，从育。　丑列切

【译文】彻（徹），通达。从彳从攴从育会意。

敏 mǐn

敏，疾也。从攴，每声。　眉殒切

【译文】敏，快速。从攴，每声。

整 zhěng

整，齐也。从攴，从束，从正，正亦声。　之郢切

【译文】整，整齐。从攴从束从正会意，正也表声。

效 xiào

效，象也。从攴，交声。　胡教切

【译文】效，效法。从攴，交声。

故 gù

故，使为之也。从攴，古声。 古慕切

【译文】故，使它成为这样的原因。从攴，古声。

政 zhèng

政，正也。从攴，从正，正亦声。 之盛切

【译文】政，正。从攴从正会意，正也表声。

数 shǔ

数，计也。从攴，娄声。 所矩切

【译文】数，计数。从攴，娄声。

敞 chǎng

敞，平治高土，可以远望也。从攴，尚声。 昌两切

【译文】敞，平整高土，可以登高望远。从攴，尚声。

改 gǎi

改，更也。从攴、已。 古亥切

【译文】改，变更。从攴、已。

变 biàn

变，更也。从攴，䜌声。 秘恋切

【译文】变（變），改变。从攴，䜌声。

更 gēng

更，改也。从攴，丙声。 古孟切。又古行切

【译文】更，改变。从攴，丙声。

敛 liǎn

敛，收也。从攴，佥声。 良冉切

【译文】敛，收聚。从攴，佥声。

敌 dí

敌，仇也。从攴，啻声。 徒歷切

【译文】敌，仇敌。从攴，啻声。

救 jiù

救，止也。从攴，求声。 居又切

【译文】救，禁止。从攴，求声。

赦 shè

赦，置也。从攴，赤声。 始夜切

【译文】赦，舍弃，放置。从攴，赤声。

敦 dūn

敦，怒也，诋也。一曰谁何也。从攴，享声。 都昆切。又丁回切

【译文】敦，恼怒，诋毁。另一义说，敦是呵责的意思。从攴，享声。

败 bài

败，毁也。从攴、贝。败、贼皆从贝会意。 薄迈切

【译文】败，毁坏。从攴、贝会意。败、贼都从贝会意。

寇 kòu

寇，暴也。从攴，从完。 苦候切

【译文】寇，暴乱。从攴从完会意。

【注释】攴：攴打。完：完固。

收 shōu

收，捕也。从攴，丩声。 式州切

【译文】收，逮捕。从攴，丩声。

【注释】捕：捕取罪人。引申为收取、收敛。

 **攻** gōng

攻，击也。从攴，工声。 古洪切

【译文】攻，攻击。从攴，工声。

 **敲** qiāo

敲，横擿也。从攴，高声。 口交切

【译文】敲，横击。从攴，高声。

 **叙** xù

叙，次弟也。从攴，余声。 徐吕切

【译文】叙，次第。从攴，余声。

 **牧** mù

牧，养牛人也。从攴，从牛。《诗》曰："牧人乃梦。" 莫卜切

【译文】牧，养牛的人。从攴从牛会意。《诗经》说："牧人于是做起梦来。"

教部

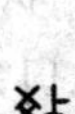 **教** jiào

教，上所施下所效也。从攴，从孝。凡教之属皆从教。古孝切

【译文】教，在上位的施教，在下位的奉行仿效。从攴从孝会意。大凡教的部属都从教。

卜部

 **卜** bǔ

卜，灼剥龟也，象炙龟之形。一曰象龟兆之从横也。凡卜之属皆从卜。　博木切

【译文】 卜，火灼裂龟甲，象火灼龟甲的样子。一说，象龟甲裂纹纵横之形。大凡卜的部属都从卜。

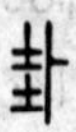 **卦** guà

卦，筮也。从卜，圭声。　古坏切

【译文】 卦，用蓍草占卦。从卜，圭声。

 **贞** zhēn

贞，卜问也。从卜，贝以为贽。一曰鼎省声，京房所说。陟盈切

【译文】 贞，卜问。从卜，用贝作为占卜的费用。一说贞从卜鼎省声，是京房的说法。

【注释】 京房：西汉今文《易》学京氏学的创始人，本姓李，京氏学宣扬“天人感应”。

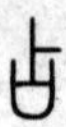 **占** zhān

占，视兆问也。从卜，从口。　职廉切

【译文】 占，察兆问疑。从卜从口会意。

用部

 **用** yòng

用，可施行也。从卜，从中，卫宏说。凡用之属皆从用。余讼切

【译文】 用，可以施行。从卜从中会意，这是卫宏的说法。

大凡用的部属都从用。

【注释】用：杨树达《积微居小学述林·释用》：“用者，桶之初也。”“凡可以受物之器皆可名桶。”

 **甫** fǔ

甫，男子美称也。从用、父，父亦声。　方矩切

【译文】甫，男子的美称。从用、父会意，父也表声。

 **庸** yōng

庸，用也。从用，从庚。庚，更事也。《易》曰：“先庚三日。”　余封切

【译文】庸，施行。从用从庚会意。庚，表示变更其法。《周易》说：“先庚三日。”

㸚部

 **尔** ěr

尔，丽尔，犹靡丽也。从冂，从㸚，其孔㸚，尒声。此与爽同意。　儿氏切

【译文】尔（爾），丽尔，也就是靡丽。从冂从㸚会意，㸚表示小窗户的孔格疏朗，尒声。尔与爽都从㸚，构形之意相同。

 **爽** shuǎng

爽，明也。从㸚，从大。　疏两切

【译文】爽，明亮。从㸚从大会意。

【注释】从㸚从大：㸚像窗牖之交文。交文宽大，故爽明。

目部

 **目** mù

目，人眼。象形。重，童子也。凡目之属皆从目。　莫六切

【译文】目，人的眼睛。象形。眶内的重划二，表示瞳仁。大凡目的部属都从目。

眼 yǎn

眼，目也。从目，皀声。 五限切

【译文】眼，眼睛。从目、皀（gèn）声。

瞞 mán

瞞，平目也。从目，㒼声。 母官切

【译文】瞞，使眼睑低平。从目，㒼声。

睹 dǔ

睹，见也。从目，者声。 当古切

【译文】睹，看见。从目，者声。

睦 mù

睦，目顺也。从目，坴声。一曰敬和也。 莫卜切

【译文】睦，目光和顺。从目，坴声。另一义说，恭敬和顺。

瞻 zhān

瞻，临视也。从目，詹声。 职廉切

【译文】瞻，向下看。从目，詹声。

相 xiāng

相，省视也。从目，从木。《易》曰："地可观者，莫可观于木。"《诗》曰："相鼠有皮。" 息良切

【译文】相，察看。从目从木会意。《周易》说："地上可观的东西，没有什么比树木更可观了。"《诗经》说："察看那老鼠，一定有皮。"

眷 juàn

眷，顾也。从目，𢍏声。《诗》曰："乃眷西顾。" 居倦切

【**译文**】眷，回顾。从目，𢍏（juàn）声。《诗经》说：“于是就回顾着西土。”

 **督** dū

督，察也。一曰目痛也。从目，叔声。　冬毒切

【**译文**】督，察看。另一义说，眼睛痛。从目，叔声。

 **看** kàn

看，睎也。从手下目。　苦寒切

【**译文**】看，远望。“手”字下面加“目”字会意。

 **睡** shuì

睡，坐寐也。从目、垂。　是伪切

【**译文**】睡，坐着打瞌睡。从目、垂会意。

 **盲** máng

盲，目无牟子。从目，亡声。　武庚切

【**译文**】盲，没有眼珠，亦泛称失明。从目，亡声。

【**注释**】牟：俗作眸。

眉部

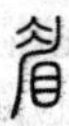 **眉** méi

眉，目上毛也。从目，象眉之形，上象额理也。凡眉之属皆从眉。　武悲切

【**译文**】眉，眉毛。从目，如“眉毛”的形状，上面如额上的纹理。大凡眉的部属都从眉。

 **省** xǐng

省，视也。从眉省，从屮。　所景切

【**译文**】省，察视。由“眉”字省去“𡗗”，从屮会意。

盾部

盾 dùn

盾，瞂也，所以扞身蔽目。象形。凡盾之属皆从盾。　食问切

【译文】盾，盾牌，用来捍卫身体、蔽护头目的东西。象形字。大凡盾的部属都从盾。

自部

自 zì

自，鼻也。象鼻形。凡自之属皆从自。　疾二切

【译文】自，鼻子。象鼻形。大凡自的部属都从自。

【注释】自：古鼻字。

白部

皆 jié

皆，俱词也。从比，从白。　古谐切

【译文】皆，表示统括的词。从比从白会意。

百 bǎi

百，十十也。从一、白。数，十百为一贯。相章也。　博陌切

【译文】百，十个十。从一、白会意。属于数目，十个百是一贯。这样，就章明不乱。

鼻部

鼻 bí

鼻，引气自畀也。从自、畀。凡鼻之属皆从鼻。　父二切

【译文】鼻，吸气以供养身体的器官。从自、畀会意。大凡鼻的部属都从鼻。

【注释】畀（bì）：助。

习部

习 xí

习，数飞也。从羽，从白。凡习之属皆从习。　似入切

【译文】习（習），鸟儿频频试飞。从羽从白会意。大凡习的部属都从习。

翫 wàn

翫，习猒也。从习，元声。《春秋传》曰："翫岁而愒日。"　五换切

【译文】翫，习以为满足而轻忽。从习元声。《春秋左氏传》说："岁月的流逝，习以为常，却又急于时日的短暂。"

羽部

羽 yǔ

羽，鸟长毛也。象形。凡羽之属皆从羽。　王矩切

【译文】羽，鸟翅上的长毛。象形字。大凡羽的部属都从羽。

翰 hàn

翰，天鸡赤羽也。从羽，倝声。《逸周书》曰："大翰，若翚雉，一名鷐风。周成王时蜀人献之。"　侯干切

【译文】翰，天鸡的赤色羽毛。从羽，倝声。《逸周书》中说："长着五彩羽毛，像锦鸡，又叫鷐风。周成王时蜀地人进献来的。"

【注释】翚雉：五彩皆备的山雉，又叫锦鸡。

翠 cuì

翠，青羽雀也。出郁林。从羽，卒声。　七醉切

【译文】翠，青色羽毛的翡翠鸟。产于郁林。从羽，卒声。

翁 wēng

翁，颈毛也。从羽，公声。　乌红切

【译文】翁，鸟颈上的毛。从羽，公声。

翩 piān

翩，疾飞也。从羽，扁声。　芳连切

【译文】翩，快速地飞。从羽，扁声。

翔 xiáng

翔，回飞也。从羽，羊声。　似羊切

【译文】翔，回旋地飞。从羽，羊声。

隹部

隹 zhuī

隹，鸟之短尾总名也。象形。凡隹之属皆从隹。　职追切

【译文】隹，短尾鸟的总名。象形。大凡隹的部属都从隹。

雅 yā

雅，楚乌也。一名鸒，一名卑居。秦谓之雅。从隹，牙声。　五下切。又乌加切

【译文】雅，楚乌，又叫鸒，又叫卑居。陕西一带叫它“雅”。从隹，牙声。

只 zhī

只（隻），鸟一枚也。从又持隹。持一隹曰只，二隹曰双（雙）。　之石切

【译文】只（隻），一只鸟。从“又”（手）握着“隹”（一只鸟）会意。手里拿着一只鸟叫“只”，拿着两只鸟叫“双”。

雀 què

雀，依人小鸟也。从小、隹。读与爵同。　即略切

【译文】雀，依人而宿的小鸟。从小、隹。读音与“爵”字同。

雞 jī

鸡，知时畜也。从隹，奚声。　古兮切

【译文】雞，知道报时的家禽。从隹，奚声。

【注释】鸡：罗振玉《增订殷墟书契考释》：“象鸡形，高冠修尾。”

雕 diāo

雕，鷻也。从隹，周声。　都僚切

【译文】雕，鷻鸟。从隹，周声。

雁 yàn

雁，鸟也。从隹，从人，厂声。读若鴈。　五晏切

【译文】雁，鸟名。从隹从人会意，厂声。读音如“鴈”字。

雄 xióng

雄，鸟父也。从隹，厷声。　羽弓切

【译文】雄，雄性鸟。从隹，厷声。

雌 cí

雌，鸟母也。从隹，此声。　此移切

【译文】雌，雌性鸟。从隹，此声。

奞部

 夺 duó

夺，手持隹失之也。从又，从奞。　徒活切

【译文】夺（奪），手里握持的鸟挣脱了。从又从奞会意。

【注释】手持隹失之也：《段注》："引申为凡失去物之称。凡手中遗落物当作此字。今乃用脱为之，而用夺为争敚字，相承久矣。"

 奋 fèn

奋，翬也。从奞在田上。《诗》曰："不能奋飞。"　方问切

【译文】奋（奮），鸟类迅猛起飞。从"奞"字在"田"字上。《诗经》中说："不能奋飞。"

萑部

 旧 jiù

旧，雖旧，旧留也。从萑，臼声。　巨救切

【译文】旧（舊），雖旧，即猫头鹰。从萑，臼声。

羊部

 羊 yáng

羊，祥也。从丫，象头角足尾之形。孔子曰："牛羊之字以形举也。"凡羊之属皆从羊。　与章切

【译文】羊，吉祥。从丫，象头、角、足、尾的形状。孔子说："牛字、羊字根据形体描绘出来。"大凡羊的部属都从羊。

 羔 gāo

羔，羊子也。从羊，照省声。　古牢切

【译文】羔，小羊。从羊，照省昭为声。

【注释】羔：徐灏《段注笺》：“疑羔之本义为羊炙，故从火。小羊味美，为炙尤宜，因之羊子谓之羔。”

美 měi

美，甘也。从羊，从大。羊在六畜主给膳也。美与善同意。　无鄙切

【译文】美，味道甜美。从羊从大。羊在六畜之中，为供给牲肉之主。美与善同意。

【注释】六畜：马、牛、羊、豕、犬、鸡。

雔部

雔 chóu

雔，双鸟也。从二隹。凡雔之属皆从雔。读若酬。　市流切

【译文】雔，成对的鸟。象二鸟在一起，会意字。大凡雔的部属都从雔。

双 shuāng

双，隹二枚也。从雔，又持之。　所江切

【译文】双（雙），鸟两只。从雔，用“又”（手）持握着它。

雥部

雧 jí

雧，群鸟在木上也。从雥，从木。　秦入切

【译文】雧，群鸟聚集在树木上。从雥从木会意。

【注释】雧：古同“集”。《诗经·周南·葛覃》：“黄鸟于飞，集于灌木。”

鸟部

鸟 niǎo

鸟，长尾禽总名也。象形。鸟之足似匕，从匕。凡鸟之属皆从鸟。　都了切

【译文】鸟，长尾飞禽的总名。象形字。鸟的脚象匕字之形，所以从匕。大凡鸟的部属都从鸟。

凤 fèng

凤，神鸟也。天老曰："凤之象也，鸿前麐后，蛇颈鱼尾，鹳颡鸳思，龙文虎背，燕颔鸡喙，五色备举。出于东方君子之国，翱翔四海之外，过昆仑，饮砥柱，濯羽弱水，莫宿风穴。见则天下大安宁。"从鸟，凡声。　冯贡切

【译文】凤（鳳），神鸟。黄帝的臣子天老说："凤鸟的样子啊，前面像鸿雁，后面像麒麟；像蛇一样的颈项，像鱼一样的尾巴；像鹳鹊一样的额头，像鸳鸯一样的腮中；像龙一样的花纹，像虎一样的背；像燕一样的下巴，像鸡一样的嘴，五色都具备。出自东方君子的国度，翱翔在四海之外，飞过昆仑山，到黄河的砥柱饮水，在弱水中洗涤毛羽，黄昏时宿止在风的洞口。一出现，天下就大安宁。"从鸟，凡声。

鸠 jiū

鸠，鹘鸼也。从鸟，九声。　居求切

【译文】鸠，鹘鸼鸟。从鸟，九声。

【注释】鹘鸼：一种小鸠。

鸽 gē

鸽，鸠属。从鸟，合声。　古沓切

【译文】鸽，鸠属。从鸟，合声。

【注释】鸠属：形似鸠，羽色白、灰或酱紫。飞行力极强，经训练可用来通信。

 鹤 hè

鹤，鸣九皋，声闻于天。从鸟，隺声。　下各切

【译文】鹤，它在沼泽鸣叫，声音上达云霄。从鸟，隺声。

 鸿 hóng

鸿，鸿鹄也。从鸟，江声。　户工切

【译文】鸿，鸿鹄鸟。从鸟，江声。

 鸳 yuān

鸳，鸳鸯也。从鸟，夗声。　于袁切

【译文】鸳，鸳鸯鸟。从鸟，夗声。

【注释】鸳鸯：崔豹《古今注·鸟兽》："鸳鸯，水鸟，凫类也。雌雄未尝相离，人得其一，则一思而至死，故曰匹（配偶）鸟。"

 鸯 yāng

鸯，鸳鸯也。从鸟，央声。　于良切

【译文】鸯，鸳鸯鸟。从鸟，央声。

 鸣 míng

鸣，鸟声也。从鸟，从口。　武兵切

【译文】鸣，鸟的叫声。从鸟从口会意。

【注释】鸟声：《段注》："引申之凡出声皆曰鸣。"

乌部

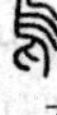 乌 wū

乌，孝鸟也。象形。孔子曰："乌，盱呼也。"取其助气，故以为乌呼。凡乌之属皆从乌。　哀都切

【译文】乌，孝顺的鸟。象乌鸟形。孔子说："乌，舒气自呼。"取乌的声音用来帮助语气，所以借它来作乌呼的乌字。大凡乌的部属都从乌。

【注释】孝鸟：即乌鸦。《段注》："谓其反哺（乌雏长大，反哺其母）也。"象形：《段注》："鸟字点睛，乌则不。以纯黑故，不见其睛也。"

 焉 yān

焉，焉鸟，黄色，出于江淮。象形。凡字：朋者，羽虫之属；乌者，日中之禽；舄者，知太岁之所在；燕者，请子之候，作巢避戊己。所贵者故皆象形。焉亦是也。　有干切

【译文】焉，焉鸟，黄色，出自长江、淮河一带。象形，大凡是字：朋，是羽虫之类；乌，太阳里的踆乌；舄，是知道太岁星所在位置的鸟；燕，是表示即将得子的征兆的鸟，取土做巢，回避戊己这一天。这些都是人们看重的鸟，所以都象形。焉鸟也是这一类。

冓部

 再 zài

再，一举而二也。从冓省。　作代切

【译文】再，一举而重复。从冓省会意。

幺部

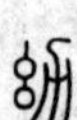 幼 yòu

幼，少也。从幺，从力。　伊谬切

【译文】幼，年少。从幺从力会意。

叀部

 **惠** huì

惠，仁也。从心，从叀。 胡桂切

【译文】惠，仁爱。从心从叀会意。

玄部

 **玄** xuán

玄，幽远也。黑而有赤色者为玄。象幽而入覆之也。凡玄之属皆从玄。 胡涓切

【译文】玄，隐蔽而深远。黑而带有赤色，叫玄。象幽暗而有物覆盖着。大凡玄的部属都从玄。

予部

 **予** yǔ

予，推予也。象相予之形。凡予之属皆从予。 余吕切

【译文】予，举物给别人。象用手举物给别人的样子。大凡予的部属都从予。

 **舒** shū

舒，伸也。从舍，从予，予亦声。一曰舒，缓也。 伤鱼切

【译文】舒，伸展。从舍从予会意，予也表声。另一义说，舒是舒缓。

 **幻** huàn

幻，相诈惑也。从反予。《周书》曰："无或诪张为幻。" 胡办切

【译文】幻，相与欺诈惑乱。由"予"字反过来表示。《周书》说："不互相欺骗，互相诈惑。"

放部

放 fàng

放，逐也。从攴，方声。凡放之属皆从放。　甫妄切

【译文】放，放逐。从攴，方声。大凡放的部属都从放。

歺部

殊 shū

殊，死也。从歺，朱声。汉令曰：“蛮夷长有罪，当殊之。”　市朱切

【译文】殊，杀死。从歺，朱声。汉朝的法令说：“蛮夷戎狄之长有罪，当处死他们。”

殃 yāng

殃，咎也。从歺，央声。　于良切

【译文】殃，灾祸。从歺，央声。

残 cán

残，贼也。从歺，戋声。　昨干切

【译文】残，伤害。从歺，戋声。

【注释】贼：伤害。朱骏声《通训定声》引《仓颉篇》：“残，伤也。”

歼 jiān

歼，微尽也。从歺，韱声。《春秋传》曰：“齐人歼于遂。”　子廉切

【译文】歼（殲），纤微都尽。从歺，韱声。《春秋左氏传》说：“齐人在遂地被歼灭尽。”

死部

 **死** sǐ

死，澌也，人所离也。从歺，从人。凡死之属皆从死。息姊切

【译文】死，精气穷尽，人们的形体与魂魄相离。从歺从人。大凡死的部属都从死。

骨部

 **骨** gǔ

骨，肉之核也。从冎，有肉。凡骨之属皆从骨。 古忽切

【译文】骨，肉的内核。“冎”上附有“肉”会意。大凡骨的部属都从骨。

 **体** tǐ

体，总十二属也。从骨豊声。 他礼切

【译文】体（體），总括全身十二分属之称。从骨豊声。

【注释】总十二属：《段注》：“十二属，许未详言，今以人体及许书核之。首之属有三：曰顶，曰面，曰颐。身之属三：曰肩，曰脊，曰尻。手之属三：曰厷，曰臂，曰手。足之属三：曰股，曰胫，曰足。”

肉部

 **肉** ròu

肉，胾肉。象形。凡肉之属皆从肉。 如六切

【译文】肉，供食用的动物肉，亦称人肉。象形字。大凡肉的部属都从肉。

 **胎** tāi

胎，妇孕三月也。从肉，台声。 土来切

【**译文**】胎，妇女怀孕三个月。从肉，台声。

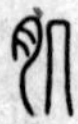 **肌** jī

肌，肉也。从肉，几声。　居夷切

【**译文**】肌，肌肉。从肉，几声。

【**注释**】肉：人曰肌，鸟兽曰肉。肌肉析言有别，浑言则无。此浑言之。

 **脣** chún

脣，口端也。从肉，辰声。　食伦切

【**译文**】脣，口的边缘。从肉，辰声。

【**注释**】脣：《释名·释形体》："唇，缘也。口之缘也。"今作"唇"。

 **肾** shèn

肾，水藏也。从肉，臤声。　时忍切

【**译文**】肾，属水的脏器。从肉，臤声。

【**注释**】水藏：肾为人的泌尿器官。按今文说五行命名，肾属水，又名水藏。藏今作脏。

 **肺** fèi

肺，金藏也。从肉，市声。　芳吠切

【**译文**】肺，属金的脏器。从肉，市声。

【**注释**】金藏：肺是人的呼吸器官。按今文说五行命名，肺属金，又名金藏。

 **脾** pí

脾，土藏也。从肉，卑声。　符支切

【**译文**】脾，属土的脏器。从肉，卑声。

【**注释**】土藏：按今文说五行命名，脾属土，又名土藏。

肝 gān

肝，木藏也。从肉，干声。 古寒切

【**译文**】肝，属木的脏器。从肉，干声。

【**注释**】木藏：肝是人的消化器官之一。按今文说五行命名，肝属木，又名木藏。

胆 dǎn

胆，连肝之府。从肉，詹声。 都敢切

【**译文**】胆（膽），连着肝的脏腑。从肉，詹声。

肠 cháng

肠，大小肠也。从肉，昜声。 直良切

【**译文**】肠，大小肠。从肉，昜声。

膀 bǎng

膀，胁也。从肉，旁声。 步光切

【**译文**】膀，两腋下。从肉，旁声。

肋 lèi

肋，胁骨也。从肉，力声。 卢则切

【**译文**】肋，两腋下的肋骨。从肉，力声。

胳 gē

胳，亦下也。从肉，各声。 古洛切

【**译文**】胳，腋下。从肉，各声。

臂 bì

臂，手上也。从肉，辟声。 卑义切

【**译文**】臂，手腕上部一直到肩的部分。从肉，辟声。

肘 zhǒu

肘，臂节也。从肉，从寸。寸，手寸，口也。　陟柳切

【译文】肘，上肱与下臂之节。从肉从寸会意。寸，手的寸口。

胯 kuà

胯，股也。从肉，夸声。　苦故切

【译文】胯，两大腿之间。从肉，夸声。

股 gǔ

股，髀也。从肉，殳声。　公户切

【译文】股，大腿。从肉，殳声。

脚 jiǎo

脚，胫也。从肉，却声。　居勺切

【译文】脚，脚胫。从肉，却声。

【注释】胫：小腿。古称胫为脚，今俗称足为脚。

肖 xiào

肖，骨肉相似也。从肉，小声。不似其先，故曰“不肖”也。　私妙切

【译文】肖，形容容貌相似。从肉，小声。儿女不像他的父母，所以叫不肖。

脱 tuō

脱，消肉臞也。从肉，兑声。　徒活切

【译文】脱，消尽其肉而变瘦。从肉，兑声。

肴 yáo

肴，啖也。从肉，爻声。　胡茅切

【译文】肴，可吃的熟肉。从肉，爻声。

膘 piǎo

膘，牛胁后髀前合革肉也。从肉，票声。读若繇。　敷绍切

【译文】膘，牛胁后、大腿前皮肉相合的地方。从肉，票声。读音如同“繇”字。

脯 fǔ

脯，干肉也。从肉，甫声。　方武切

【译文】脯，干肉。从肉，甫声。

修 xiū

修，脯也。从肉，攸声。　息流切

【译文】修（脩），干肉。从肉，攸声。

胜 xīng

胜，犬膏臭也。从肉，生声。一曰不孰也。　桑经切

【译文】胜，狗油的气味。从肉，生声。另有一说，胜是不熟的意思。

臊 sāo

臊，豕膏臭也。从肉，喿声。　稣遭切

【译文】臊，猪脂膏的气味。从肉，喿声。

腥 xīng

腥，星见食豕，令肉中生小息肉也。从肉，从星，星亦声。　稣佞切

【译文】腥，星现之时喂猪，会令猪肉中生长小息肉。从肉从星会意，星也表声。

脂 zhī

脂，戴角者脂，无角者膏。从肉，旨声。　旨夷切

【译文】脂，有角动物的脂肪叫脂，无角动物的脂肪叫膏。从肉，旨声。

腻 nì

腻，上肥也。从肉，貳声。　女利切

【译文】腻，皮肤上溢出的油脂。从肉，貳声。

【注释】上肥：上犹外也。

膜 mó

膜，肉闲胲膜也。从肉，莫声。　慕各切

【译文】膜，肉里包裹着的薄皮。从肉，莫声。

腐 fǔ

腐，烂也。从肉，府声。　扶雨切

【译文】腐，肉腐烂。从肉，府声。

肥 féi

肥，多肉也。从肉，从卪。　符非切

【译文】肥，肥胖多肉。从肉从卪会意。

筋部

筋 jīn

筋，肉之力也。从力，从肉，从竹。竹，物之多筋者。凡筋之属皆从筋。　居银切

【译文】筋，肉中的筋。从力从肉从竹会意。竹，多筋之物。大凡筋的部属都从筋。

刀部

刀 dāo

刀，兵也。象形。凡刀之属皆从刀。　都牢切

【译文】刀，兵器。象形。大凡刀的部属都从刀。

 **削** xuē

削，鞞也。一曰析也。从刀，肖声。 息约切

【译文】削，装刀剑的套子。另一义说，削，分割。从刀，肖声。

 **利** lì

利，铦也。从刀。和然后利，从和省。《易》曰：“利者，义之和也。” 力至切

【译文】利，锋利。从刀。和顺协调然后有利，所以从和省。《周易》说：“利益，是由于义的和谐。”

 **初** chū

初，始也。从刀，从衣。裁衣之始也。 楚居切

【译文】初，开始。从刀从衣会意。裁割衣服的开始。

 **则** zé

则，等画物也。从刀，从贝。贝，古之物货也。 子德切

【译文】则，按等级区别的物体。从刀从贝会意。贝，古代的货币。

 **刚** gāng

刚，强断也。从刀，冈声。 古郎切

【译文】刚，强力折断。从刀，冈声。

 **刽** guì

刽，断也。从刀，会声。 古外切

【译文】刽，砍断。从刀，会声。

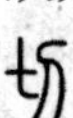 **切** qiē

切，刌也。从刀，七声。 千结切

【译文】切，切断。从刀，七声。

刻 kè

刻，镂也。从刀，亥声。　苦得切

【译文】刻，雕刻。从刀，亥声。

副 pì

副，判也。从刀，畐声。《周礼》曰：“副辜祭。”　芳逼切

【译文】副，剖分。从刀，畐声。《周礼》说：“剖开牲的肢体，来祭祀。”

剖 pōu

剖，判也。从刀，咅声。　浦后切

【译文】剖，从中间分开。从刀，咅声。

判 pàn

判，分也。从刀，半声。　普半切

【译文】判，分开。从刀，半声。

刊 kān

刊，剟也。从刀，干声。　苦寒切

【译文】刊，削。从刀，干声。

劈 pī

劈，破也。从刀，辟声。　普击切

【译文】劈，破开。从刀，辟声。

剥 bō

剥，裂也。从刀，从录。录，刻割也。录亦声。　北角切

【译文】剥，割裂。从刀从录会意。录，表示刻、割。录也表声。

 **割** gē

割，剥也。从刀，害声。 古达切

【译文】割，割裂。从刀，害声。

 **刷** shuā

刷，刮也。从刀，𠭥省声。《礼》（布）［有］刷巾。 所劣切

【译文】刷，刮削。从刀，“𠭥”省去“又”字为声。《礼记》载有刷巾之说。

 **制** zhì

制，裁也。从刀，从未。未，物成，有滋味，可裁断。一曰止也。 征例切

【译文】制，裁断。从刀从未会意。未，树木老成，即有滋味，可以裁断。另一义说，制是禁止。

 **刺** cì

刺，君杀大夫曰刺。刺，直伤也。从刀，从朿，朿亦声。 七赐切

【译文】刺，君主杀死大夫叫刺。刺，直伤。从刀从朿会意，朿也表声。

刃部

 **刃** rèn

刃，刀坚也。象刀有刃之形。凡刃之属皆从刃。 而振切

【译文】刃，刀的坚利部分。象刀有锋刃的形状。大凡刃的部属都从刃。

 **剑** jiàn

剑，人所带兵也。从刃，佥声。 居欠切

【译文】剑，人们佩带的兵器。从刃，佥声。

耒部

耕 gēng

耕，犂也。从耒，井声。一曰古者井田。 古茎切

【译文】耕，犁田。从耒，井声。另一义说，上古为井田（从井会意）。

角部

角 jiǎo

角，兽角也。象形，角与刀、鱼相似。凡角之属皆从角。 古岳切

【译文】角，禽兽的角。象形字。小篆角字与刀、鱼二字相似。大凡角的部属都从角。

触 chù

触，抵也。从角，蜀声。 尺玉切

【译文】触（觸），用角抵触。从角，蜀声。

衡 héng

衡，牛触，横大木其角。从角，从大，行声。《诗》曰："设其楅衡。" 户庚切

【译文】衡，牛好举角抵触，横绑大木在牛的角上，以防抵触，从角从大会意，行声。《诗经》说："设置那绑在牛角上的横木。"

解 jiě

解，判也。从刀判牛角。一曰解廌，兽也。 佳买切。又户卖切

【译文】解，分解。从刀分解牛角，会意。另一义说，解（xiè）即解廌，兽名。

竹部

 **竹** zhú

竹，冬生艸也。象形。下垂者，箁箬也。凡竹之属皆从竹。 陟玉切

【译文】竹，经冬不死的草。象形字。两边下垂的笔画，表示笋壳。大凡竹的部属都从竹。

 **箭** jiàn

箭，矢也。从竹，前声。 子贱切

【译文】箭，可用来做箭杆的一种竹子。从竹，前声。

 **节** jié

节，竹约也。从竹，即声。 子结切

【译文】节（節），竹节。从竹，即声。

 **笨** bèn

笨，竹里也。从竹，本声。 布忖切

【译文】笨，竹子的里层。从竹，本声。

 **篇** piān

篇，书也。一曰关西谓榜曰篇。从竹，扁声。 芳连切

【译文】篇，书册。另一义说，关西一带称榜额为篇。从竹，扁声。

 简 jiǎn

简，牒也。从竹，间声。 古限切

【译文】简，用于书写的狭长竹片。从竹，间声。

等 děng

等，齐简也。从竹，从寺。寺，官曹之等平也。　多肯切

【译文】等，整齐的竹简。从竹从寺会意。寺，寺为官府，是公正执法之处，取齐中之义。

符 fú

符，信也。汉制以竹，长六寸，分而相合。从竹，付声。　防无切

【译文】符，取信之物。汉朝规定用竹，长六寸，分而相合以取信。从竹，付声。

篓 lǒu

篓，竹笼也。从竹，娄声。　洛侯切

【译文】篓，竹编的笼子。从竹，娄声。

篮 lán

篮，大篝也。从竹，监声。　鲁甘切

【译文】篮，大竹笼。从竹，监声。

竿 gān

竿，竹梃也。从竹，干声。　古寒切

【译文】竿，竹子挺直。从竹，干声。

笠 lì

笠，簦无柄也。从竹，立声。　力入切

【译文】笠，如簦没有柄。从竹，立声。

箱 xiāng

箱，大车牝服也。从竹，相声。　息良切

【译文】箱，大车的车箱。从竹，相声。

 策 cè

策，马棰也。从竹，朿声。　楚革切

【译文】策，马鞭。从竹，朿声。

 笙 shēng

笙，十三簧。象凤之身也。笙，正月之音。物生，故谓之笙。大者谓之巢，小者谓之和。从竹，生声。古者随作笙。　所庚切

【译文】笙，十三簧。形状象凤鸟的身躯。笙，是正月之音。这时万物生长，所以叫作笙，大的叫作巢，小的叫作和。从竹，生声。古时候，一个名叫随的人制作了笙。

 笛 dí

笛，七孔筩也。从竹，由声。羌笛三孔。　徒历切

【译文】笛，七孔竹管乐器。从竹，由声。羌地的笛管三孔。

 筝 zhēng

筝，鼓弦竹身乐也。从竹，争声。　侧茎切

【译文】筝，拨弦的像筑身的乐器。从竹，争声。

 算 suàn

算，数也。从竹，从具。读若筭。　苏管切

【译文】算，计数。从竹从具会意。读音如“筭”字。

箕部

 簸 bǒ

簸，扬米去糠也。从箕，皮声。　布火切

【译文】簸，簸扬谷米，去掉糠秕。从箕，皮声。

丌部

典 diǎn

典，五帝之书也。从册在丌上，尊阁之也。庄都说，典，大册也。　多殄切

【译文】典，五帝传下来的经典书籍。从“册”在“丌”上会意，把典册高高地搁在丌上。庄都说：典是大册。

奠 diàn

奠，置祭也。从酋。酋，酒也。下其丌也。《礼》有奠祭者。　堂练切

【译文】奠，置酒食祭奠。从酋。酋，就是酒。下面是垫放酒食的几席之类。《礼经》上有举行祭奠的记载。

工部

工 gōng

工，巧饰也。象人有规矩也。与巫同意。凡工之属皆从工。　古红切

【译文】工，巧于文饰。象人手中有规矩之形。与巫字构形从工同意。大凡工的部属都从工。

式 shì

式，法也。从工，弋声。　赏职切

【译文】式，法式。从工，弋声。

巧 qiǎo

巧，技也。从工，丂声。　苦绞切

【译文】巧，技能。从工，丂声。

 巨 jù

巨，规巨也。从工，象手持之。　其吕切

【译文】巨，木工的方尺，表示规矩。从工，象用手握着尺。

巫部

 巫 wū

巫，祝也。女能事无形，以舞降神者也。象人两褎舞形。与工同意。古者巫咸初作巫。凡巫之属皆从巫。　武扶切

【译文】巫，巫祝。女人之能奉事神祇，并能凭借歌舞使神祇降临，称为巫。象人两袖起舞的样子。与工字构形同意。古时候，巫咸初作巫术。大凡巫的部属都从巫。

甘部

 甘 gān

甘，美也。从口含一。一，道也。凡甘之属皆从甘。　古三切

【译文】甘，美味。从“口”含“一”会意。一，表示味道。大凡甘的部属都从甘。

 猒 yàn

猒，饱也。从甘，从肰。　于盐切

【译文】猒，饱足。从甘从肰会意。

 甚 shèn

甚，尤安乐也。从甘，从匹耦也。　常枕切

【译文】甚，异常安乐。从甘，从匹耦之匹字会意。

曰部

 曹 cáo

曹，狱之两曹也。在廷东。从棘，治事者；从曰。　昨牢切

【译文】曹，打官司的原告和被告，都在法庭的东边。从棘，是管理打官司的人；从曰。

丂部

 宁 nìng

宁，愿词也。从丂，寍声。　奴丁切

【译文】宁（寧），表示宁愿的词。从丂，寍声。

可部

 奇 qí

奇，异也。一曰不耦。从大，从可。　渠羁切

【译文】奇，殊异。另一义说，不成双数。从大从可会意。

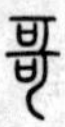 哥 gē

哥，声也。从二可。古文以为謌字。　古俄切

【译文】哥，歌声。从两个“可”字会意。古人把它用作歌唱的歌字。

兮部

 乎 hū

乎，语之余也。从兮，象声上越扬之形也。　户吴切

【译文】乎，语句的余声。从兮，象声气上升越扬的形状。

亏部

 **虧** kuī

虧，气损也。从亏，雐声。 去为切

【译文】虧，气亏损。从亏，雐（hū）声。

 **粤** yuè

粤，亏也。审慎之词者。从亏，从寀。《周书》曰：“粤三日丁亥。” 王伐切

【译文】粤，（发语助词）于是。审度慎重的词。从亏从寀会意。《周书》说：“粤三日丁亥。”

 **平** píng

平，语平舒也。从亏，从八。八，分也。爰礼说。 符兵切

【译文】平，语气平直舒展。从亏从八会意。八，表示分均，是西汉爰礼的说法。

旨部

 **旨** zhǐ

旨，美也。从甘，匕声。凡旨之属皆从旨。 职雉切

【译文】旨，味美。从甘，匕声。大凡旨的部属都从旨。

 **尝** cháng

尝，口味之也。从旨，尚声。 市羊切

【译文】尝，用口试其味。从旨，尚声。

喜部

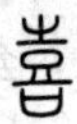 **喜** xǐ

喜，乐也。从壴，从口。凡喜之属皆从喜。 虚里切

【**译文**】喜，快乐。从壴从口会意。大凡喜的部属都从喜。

壴部

 **彭** péng

彭，鼓声也。从壴，彡声。　薄庚切

【**译文**】彭，鼓声。从壴，彡声。

【注释】彭：李孝定《甲骨文字集释》："鼓之音读即象伐鼓之声。从壴，即鼓之初字。"

 **嘉** jiā

嘉，美也。从壴，加声。　古牙切

【**译文**】嘉，美善。从壴，加声。

鼓部

 **鼓** gǔ

鼓，郭也。春分之音，万物郭皮甲而出，故谓之鼓。从壴，支象其手击之也。《周礼》六鼓：雷鼓八面，灵鼓六面，路鼓四面，鼖鼓、皋鼓、晋鼓皆两面。凡鼓之属皆从鼓。　工户切

【**译文**】鼓，用皮包廓蒙覆的乐器，是象亦春分时节的乐器，万物包廓着皮壳长出来，所以叫作鼓。从壴、支，象手持槌击鼓。《周礼》的六鼓是：雷鼓八面，灵鼓六面，路鼓四面，鼖鼓、皋鼓、晋鼓都是两面。大凡鼓的部属都从鼓。

岂部

 **岂** kǎi

岂，还师振旅乐也。一曰欲也，登也。从豆，微省声。凡岂之属皆从岂。　墟喜切

【译文】岂，得胜归来使军队振奋的乐曲，后作凯。另有一义打算、希冀，读qǐ。还有一义是登高，读qǐ。从豆，微省去“徵”为声。大凡岂的部属都从岂。

豆部

豆 dòu

豆，古食肉器也。从口，象形。凡豆之属皆从豆。　徒候切

【译文】豆，古代吃肉盛用的器皿。从口，象形。大凡豆的部属都从豆。

丰部

丰 fēng

丰，豆之丰满者也。从豆，象形。一曰《乡饮酒》有丰侯者。凡丰之属皆从丰。　敷戎切

【译文】丰（豐），豆器盛物丰满的样子。从豆，象形。另一义说，《乡饮酒礼》上有叫丰的侯国。大凡丰的部属都从丰。

艳 yàn

艳，好而长也。从丰。丰，大也。盍声。《春秋传》曰：“美而艳。”　以赡切

【译文】艳（豔），容色美好而又身材颀长。从丰。丰，表示高大。盍声。《春秋左氏传》说：“美好而又体态丰满。”

虍部

虍 hū

虍，虎文也。象形。凡虍之属皆从虍。　荒乌切

【译文】虍，老虎的斑纹。象形字。大凡虍的部属都从虍。

虐 nüè

虐，残也。从虍，虎足反爪人也。 鱼约切

【译文】虐，残害。从虍，像虎爪翻过来抓人。

虎部

虎 hǔ

虎，山兽之君。从虍，虎足象人足。象形。凡虎之属皆从虎。 呼古切

【译文】虎，山中野兽之王。从虍，虎字的足，表示人字的足。象虎蹲踞之形。大凡虎的部属都从虎。

彪 biāo

彪，虎文也。从虎，彡象其文也。 甫州切

【译文】彪，老虎的花纹。从虎，“彡”象虎身上的花纹。

皿部

盂 yú

盂，饭器也。从皿，亏声。 羽俱切

【译文】盂，盛饭的器皿。从皿，亏声。

盛 chéng

盛，黍稷在器中以祀者也。从皿，成声。 氏征切

【译文】盛，放在器皿里用以祭祀的黍稷。从皿，成声。

盆 pén

盆，盎也。从皿，分声。 步奔切

【译文】盆，盎类器皿。从皿，分声。

益 yì

益，饶也。从水、皿。皿，益之意也。 伊昔切

【译文】益，富饶有余。从水、皿会意，表示“皿”中满溢出水来的意思。

 **盈** yíng

盈，满器也。从皿、夃。　以成切

【译文】盈，贮满器皿。从皿、夃会意。

 **尽** jìn

尽，器中空也。从皿，㶳声。　慈刃切

【译文】尽（盡），器物中已空无物。从皿，㶳声。

 **盅** chōng

盅，器虚也。从皿，中声。《老子》曰：“道盅而用之。”　直弓切

【译文】盅，器皿空虚。从皿，中声。《老子》说：“道虚而使用它。”

去部

 **去** qù

去，人相违也。从大凵声。凡去之属皆从去。　丘据切

【译文】去，人离开某地。从大，凵声。大凡去的部属都从去。

血部

 **血** xuè

血，祭所荐牲血也。从皿，一象血形。凡血之属皆从血。　呼决切

【译文】血，祭祀时献给神明的牲畜的血。从皿，一象血形。大凡血的部属都从血。

衃 xù

衃，忧也。从血，卩声。一曰鲜少也。　辛聿切

【译文】衃，忧虑。从血，卩声。另一义说，恤是少。

丹部

丹 dān

丹，巴越之赤石也。象采丹井，一象丹形。凡丹之属皆从丹。　都寒切

【译文】丹，巴郡、南越出产的朱砂。象采掘朱砂的井，一象朱砂形。大凡丹的部属都从丹。

彤 tóng

彤，丹饰也。从丹，从彡。彡，其画也。　徒冬切

【译文】彤，用红颜色涂饰器物。从丹从彡会意。彡，表示涂饰的花纹。

青部

青 qīng

青，东方色也。木生火，从生、丹。丹青之信言象然。凡青之属皆从青。　仓经切

【译文】青，代表东方的颜色。木生火，所以从生、丹。“丹青之信”，（丹青不易褪色），是说一定像这样（讲信用）。大凡青的部属都从青。

静 jìng

静，审也。从青，争声。　疾郢切

【译文】静，明审。从青，争声。

皀部

即 jí

即，即食也。从皀，卩声。 子力切

【译文】即，人就食。从皀，卩声。

既 jì

既，小食也。从皀，旡声。《论语》曰：“不使胜食既。” 居未切

【译文】既，稍微吃点食物。从皀，旡声。《论语》说：“不使胜食既。”

鬯部

爵 jué

爵，礼器也。象爵之形，中有鬯酒，又持之也。所以饮。器象爵者，取其鸣节节足足也。 即略切

【译文】爵，行礼用的酒器。像雀之形，内盛有鬯酒，又表示用手握持，是用来饮酒的器皿。饮器像雀，是取其注酒声像雀鸣声“节节足足”。

食部

食 shí

食，一米也。从皀，亼声。或说亼皀也。凡食之属皆从食。 乘力切

【译文】食，饭食。从皀，亼声。另一义说，从亼皀会意。大凡食的部属都从食。

饼 bǐng

饼，面餈也。从食，并声。 必郢切

【译文】饼，用面粉制成的扁圆形食品。从食，并声。

养 yǎng

养，供养也。从食，羊声。 余两切

【译文】养，供给养护。从食，羊声。

饭 fàn

饭，食也。从食，反声。 符万切

【译文】饭，煮熟的谷类事物。从食，反声。

饱 bǎo

饱，猒也。从食，包声。 博巧切

【译文】饱，吃饱。从食，包声。

饶 ráo

饶，饱也。从食，尧声。 如昭切

【译文】饶，很饱。从食，尧声。

餘 yú

餘，饶也。从食，余声。 以诸切

【译文】餘，丰足。从食，余声。

馆 guǎn

馆，客舍也。从食，官声。《周礼》：五十里有市，市有馆，馆有积，以待朝聘之客。 古玩切

【译文】馆，接待宾客的房屋。从食，官声。《周礼》说：每五十里有集市，集市上有馆舍，馆舍里有聚积的粮草，用以接待朝拜、问候的宾客。

饥 jī

饥，谷不孰为饥。从食，几声。 居衣切

【译文】饥（饑），五谷不熟叫饥。从食，几声。

饿 è

饿，饥也。从食，我声。　五个切

【译文】饿，饥饿。从食，我声。

亼部

合 hé

合，合口也。从亼，从口。　候閤切

【译文】合，两口相合。从亼，从口。

仑 lún

仑，思也。从亼，从册。　力屯切

【译文】仑（侖），循序推理。从亼从册会意。

今 jīn

今，是时也。从亼，从ㄱ。ㄱ，古文及。　居音切

【译文】今，目前这个时候。从亼从ㄱ会意。ㄱ，就是古文及字。

舍 shè

舍，市居曰舍。从亼、屮，象屋也。口象筑也。　始夜切

【译文】舍，宾客居住的房子叫舍。从亼、屮，象屋。口象筑的垣墙。

会部

会 huì

会，合也。从亼，从曾省。曾，益也。凡会之属皆从会。　黄外切

【译文】会，会合。从亼，从曾省会意。曾，表示增益。大凡会的部属都从会。

仓部

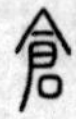 仓 cāng

仓，谷藏也。仓黄取而藏之，故谓之仓。从食省，口象仓形。凡仓之属皆从仓。　七冈切

【译文】仓，收藏谷米的地方。趁谷成熟颜色苍黄之时，收藏它，所以叫仓。𠓛是“食”字的省略，口象仓形。大凡仓的部属都从仓。

入部

 入 rù

入，内也。象从上俱下也。凡入之属皆从入。　人汁切

【译文】入，进来。象从上部一齐进入下面。大凡入的部属都从入。

 内 nèi

内，入也。从口，自外而入也。　奴对切

【译文】内，进入。从口，象从外面进入。

缶部

 缸 gāng

缸，瓦也。从缶，工声。　下江切

【译文】缸，陶器。从缶，工声。

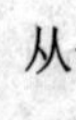 缺 quē

缺，器破也。从缶，决省声。　倾雪切

【译文】缺，陶器破损。从缶，决省声。

矢部

矢 shǐ

矢，弓弩矢也。从入，象镝栝羽之形。古者夷牟初作矢。凡矢之属皆从矢。 式视切

【译文】矢，弓弩用的箭矢。从入，象箭头、箭末扣弦处、箭羽的样子。古时候，名叫夷牟的人最早制作箭。大凡矢的部属都从矢。

矫 jiǎo

矫，揉箭箝也。从矢，乔声。 居夭切

【译文】矫，把箭揉直的箝子。从矢，乔声。

短 duǎn

短，有所长短，以矢为正。从矢，豆声。 都管切

【译文】短，有所测量，用箭作为标准。从矢，豆声。

知 zhī

知，词也。从口，从矢。 陟离切

【译文】知，识的意思。从口从矢会意。

【注释】词：当依《玉篇》作“识”。

高部

高 gāo

高，崇也。象台观高之形。从冂、口。与仓、舍同意。凡高之属皆从高。 古牢切

【译文】高，崇高。象台观高耸的样子。从冂、口。与仓、舍同意。大凡高的部属都从高。

 亭 tíng

亭，民所安定也。亭有楼，从高省，丁声。　特丁切

【译文】亭，路旁所设立的官办房舍，供行人止宿。亭上有楼，从高省，丁声。

冂部

 央 yāng

央，中央也。从大在冂之内。大，人也。央㫃同意。一曰久也。　于良切

【译文】央，中央。大字在冂字之内，大就是正立的人。央㫃同意。另一义说，央是久。

京部

 京 jīng

京，人所为绝高丘也。从高省，丨象高形。凡京之属皆从京。　举卿切

【译文】京，人工筑起的大高丘。从高省，丨象高的样子。大凡京的部属都从京。

 就 jiù

就，就高也。从京，从尤。尤，异于凡也。　疾僦切

【译文】就，趋向高地而居住。从京从尤。尤，表示不平凡。

𣆪部

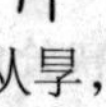 厚 hòu

厚，山陵之厚也。从𣆪，从厂。　胡口切

【译文】厚，山陵的高厚。从𣆪从厂会意。

说文解字

畗部

良 liáng

良，善也。从畗省，亡声。　吕张切

【译文】良，善良。从畗省，亡声。

㐭部

禀 bǐng

禀，赐谷也。从㐭，从禾。　笔锦切

【译文】禀，赐给谷物。从㐭从禾会意。

【注释】赐谷：《段注》：“凡赐谷曰禀，受赐亦曰禀。”

嗇部

墙 qiáng

墙，垣蔽也。从嗇，爿声。　才良切

【译文】墙，墙垣蔽障。从嗇，爿声。

来部

来 lái

来，周所受瑞麦来麰。一来二缝，象芒朿之形。天所来也，故为行来之来。《诗》曰：“诒我来麰。”凡来之属皆从来。　洛哀切

【译文】来，周王朝所接受的上天赐给的祥瑞谷物——来和麰，预示其可以经治天下。一根麦秆两颗麦穗，象麦芒麦刺的形状。来是上天赐来的，所以用作往来的来字。《诗经》说：“诒我来麰。”大凡来的部属都从来。

麦部

 **麦** mài

麦，芒谷，秋穜厚薶，故谓之麦。麦，金也。金王而生，火王而死。从来，有穗者；从夂。凡麦之属皆从麦。　莫获切

【译文】麦，有芒刺的谷。秋天种下，厚厚地埋着，所以把它叫作麦。麦属金。金旺就生长，火旺就死亡。从来，因麦是有穗的谷物；从夂。大凡麦的部属都从麦。

 **麸** fū

麸，小麦屑皮也。从麦，夫声。　甫无切

【译文】麸，小麦的碎屑和表皮。从麦，夫声。

夊部

 **致** zhì

致，送诣也。从夊，从至。　陟利切

【译文】致，送到。从夊从至会意。

 **爱** ài

爱，行皃（貌）。从夊，㤅声。　乌代切

【译文】爱（愛），行走的样子。从夊，㤅声。

舛部

 **舞** wǔ

舞，乐也，用足相背。从舛，無声。　文抚切

【译文】舞，乐的一种形式，用两足相背表示起舞踩踏。从舛，無声。

舜部

舜 shùn

舜，艸也。楚谓之葍，秦谓之藑。蔓地连华。象形。从舛，舛亦声。凡舜之属皆从舜。　舒闰切

【译文】舜，草名。楚地叫葍，秦地叫藑。蔓延布地，连花而生。象形字。从舛，舛也表声。大凡舜的部属都从舜。

韦部

韬 tāo

韬，剑衣也。从韦，舀声。　土刀切

【译文】韬，剑套。从韦，舀声。

弟部

弟 dì

弟，韦束之次弟也。从古字之象。凡弟之属皆从弟。　特计切

【译文】弟，用牛皮束物的次序。小篆采用古文的样子。大凡弟的部属都从弟。

木部

木 mù

木，冒也。冒地而生。东方之行。从中，下象其根。凡木之属皆从木。　莫卜切

【译文】木，冒覆。冒覆土地而生长着，是代表东方的物质。从中，下面象它的根。大凡木的部属都从木。

梢 shāo

梢，木也。从木，肖声。 所交切

【译文】梢，树木名。从木，肖声。

某 mǒu

某，酸果也。从木，从甘。阙。 莫厚切

【译文】某，酸果。从木从甘。阙其会意之由。

树 shù

树，生植之总名。从木，尌声。 常句切

【译文】树，木本植物的总称。从木，尌声。

本 běn

本，木下曰本。从木，一在其下。 布忖切

【译文】本，树木根部叫本。从木，记号“一”标志在树木的根部。

朱 zhū

朱，赤心木。松柏属。从木，一在其中。 章俱切

【译文】朱，赤心树木。松柏一类。从木，一标志着树木的中心。

根 gēn

根，木株也。从木，艮声。 古痕切

【译文】根，树干的基部。从木，艮声。

株 zhū

株，木根也。从木，朱声。 陟输切

【译文】株，树根。从木，朱声。

末 mò

末，木上曰末。从木，一在其上。　莫拨切

【**译文**】末，树梢叫末。从木，“一”标志在树木顶上。

果 guǒ

果，木实也。从木，象果形，在木之上。　古火切

【**译文**】果，树木的果实。从木，象果形，在木之上。

枝 zhī

枝，木别生条也。从木，支声。　章移切

【**译文**】枝，树木主干分生的枝条。从木，支声。

条 tiáo

条，小枝也。从木，攸声。　徒辽切

【**译文**】条（條），小的树枝。从木，攸声。

枚 méi

枚，干也，可为杖。从木，从攴。《诗》曰：“施于条枚。”　莫桮切

【**译文**】枚，树干，可做手杖。从木从攴。《诗经》说：“蜿蜒在树枝和树干上。”

枯 kū

枯，槀也。从木，古声。《夏书》曰：“唯箘辂枯。”木名也。　苦孤切

【**译文**】枯，树木枯槁。从木，古声。《夏书》说：“箘竹、辂竹和枯木。”枯，树木名。

柔 róu

柔，木曲直也。从木，矛声。　耳由切

【译文】柔，树木可曲可直。从木，矛声。

材 cái

材，木梃也。从木，才声。 昨哉切

【译文】材，树干劲直的木材。从木，才声。

柴 chái

柴，小木散材。从木，此声。 士佳切

【译文】柴，小的木头，不中用的木材。从木，此声。

构 gòu

构，盖也。从木，冓声。杜林以为椽桷字。 古后切

【译文】构，架屋。从木，冓声。杜林用它作为“椽桷”的“桷”字。

模 mú

模，法也。从木，莫声。读若嫫母之嫫。 莫胡切

【译文】模，法式。从木，莫声。读音如“嫫母”的“嫫”字。

栋 dòng

栋，极也。从木，东声。 多贡切

【译文】栋，房屋正梁。从木，东声。

柱 zhù

柱，楹也。从木，主声。 直主切

【译文】柱，支撑房屋的楹柱。从木，主声。

植 zhí

植，户植也。从木，直声。 常职切

【译文】植，门外闭时用以落锁的中立直木。从木，直声。

栅 zhà

栅，编树木也。从木，从册，册亦声。　楚革切

【译文】栅，编成的竖立的竹木。从木，从册，册也表声。

杠 gāng

杠，床前横木也。从木，工声。　古双切

【译文】杠，床前的横木。从木，工声。

床 chuáng

床，安身之坐者。从木，爿声。　仕庄切

【译文】床，安身的坐具。从木，爿声。

枕 zhěn

枕，卧所荐首者。从木，冘声。　章衽切

【译文】枕，睡卧时用来垫着脑袋的用具。从木，冘声。

梳 shū

梳，理发也。从木，疏省声。　所菹切

【译文】梳，梳理头发。从木，疏省声。

案 àn

案，几属。从木，安声。　乌旰切

【译文】案，几一类。从木，安声。

【注释】案：进食用的短足木盘。徐灏《段注笺》：“《急就篇》颜注：‘无足曰盘，有足曰案。所以陈举食也。’盖古人席地而坐，置食于器，而以案承之，故曰陈举食也。”

椭 tuǒ

椭，车笭中椭椭器也。从木，隋声。　徒果切

【译文】椭，车箱木格栏内椭圆而狭长的容器。从木，隋声。

杼 zhù

杼，机之持纬者。从木，予声。 直吕切

【译文】杼，织布机上用以穿纬纱的梭子。从木，予声。

核 gāi

核，蛮夷以木皮为箧，状如奁尊。从木，亥声。 古哀切

【译文】核，少数民族用核桃树的皮做成箱箧，样子像镜匣、冠箱之类。从木，亥声。

棚 péng

棚，栈也。从木，朋声。 薄衡切

【译文】棚，楼阁，从木，朋声。

栈 zhàn

栈，棚也。竹木之车曰栈。从木，戋声。 士限切

【译文】栈，即棚。用竹木编成的车也叫栈。从木，戋声。

杖 zhàng

杖，持也。从木，丈声。 直两切

【译文】杖，持握的木棍。从木，丈声。

柄 bǐng

柄，柯也。从木，丙声。 陂病切

【译文】柄，斧头的把。从木，丙声。

槽 cáo

槽，畜兽之食器。从木，曹声。 昨牢切

【译文】槽，喂养牲畜的器具。从木，曹声。

桶 tǒng

桶，木方，受六升。从木，甬声。 他奉切

【**译文**】桶，木制方形，可容受六升的谷物。从木，甬声。

札 zhá

札，牒也。从木，乙声。 侧八切

【**译文**】札，书写用的小木片。从木，乙声。

校 jiào

校，木囚也。从木，交声。 古孝切

【**译文**】校，木制的囚系人的刑具。从木，交声。

采 cǎi

采，捋取也。从木，从爪。 仓宰切

【**译文**】采，摘取。从木从爪会意。

横 héng

横，阑木也。从木，黄声。 户盲切

【**译文**】横，门前的木栅栏。从木，黄声。

【**注释**】阑木：《段注》："阑，门遮也。引伸为凡遮之称。凡以木阑之，皆谓之横也。"

枰 píng

枰，平也。从木，从平，平亦声。 蒲兵切

【**译文**】枰，棋盘。从木从平，平也表声。

析 xī

析，破木也。一曰折也。从木，从斤。 先激切

【**译文**】析，劈开木头。另一义是断折。从木，从斤。

休 xiū

休，息止也。从人依木。　许尤切

【译文】休，休息。从“人”依傍着“木”会意。

械 xiè

械，桎梏也。从木，戒声。一曰器之总名。一曰持也。一曰有盛为械，无盛为器。　胡戒切

【译文】械，木制的束缚手脚的刑具。从木，戒声。一说是器物的总称。一说是治理。一说是有盛物的构件叫械，没有盛物的构件叫器。

棺 guān

棺，关也，所以掩尸。从木，官声。　古丸切

【译文】棺，关，用来掩埋尸体的器具。从木，官声。